EL PERDÓN - LA LLAVE MAESTRA DE DIOS

EL PERDÓN - LA LLAVE MAESTRA DE DIOS

La oración más poderosa del mundo

PETER HORROBIN

Ellel Ministries USA

Copyright ©2012 Peter Horrobin
Originally published under the title: Forgiveness – God's Master Key by Sovereign World Ltd., Ellel Grange, Bay Horse, Lancaster, Lancashire, LA2 0HN, United Kingdom. www.sovereignworld.com
All rights reserved.

Edición en castellano: El perdón – La llave maestra de Dios © 2021 por Ellel Ministries USA. Todos los derechos reservados.

Diseño de portada por David Lund Design
Traducción: Ibanove Acevedo y Sandra Rincones
Edición: Sandra Rincones

Los editores tienen como objetivo producir libros que ayuden a extender y construir el reino de Dios. No estamos necesariamente de acuerdo con cada punto de vista expresado por los autores, o con cada interpretación de la Escritura expresada. Esperamos que los lectores hagan su propio juicio a la luz de su comprensión de la Palabra de Dios y en una actitud de amor y compañerismo cristianos.

Todos los derechos reservados. Ninguna parte de esta publicación podrá ser reproducida, almacenada en un sistema de recuperación de datos, o transmitida en cualquier forma o por cualquier medio, sea electrónico, mecánico, fotocopia o cualquier otro, sin el previo permiso escrito de los editores, con la excepción de citas breves o reseñas.

Ellel Ministries USA
1708 English Acres Dr
Lithia, FL 33547
www.ellel.org/usa

ISBN 978-0-578-98945-7

Impreso en los Estados Unidos de América.

A menos que se indique lo contrario, todas las citas bíblicas han sido tomadas de La Santa Biblia, Nueva Versión internacional (NVI) © 1999 por la Sociedad Bíblica Internacional. Utilizado con permiso. Todos los derechos reservados.

El texto bíblico indicado con "LBA" ha sido tomado de La Biblia de las Américas Copyright © 1986, 1995, 1997 The Lockman Foundation. Usado con permiso. Todos los derechos reservados.

El texto bíblico indicado con "PDT" ha sido tomado de La Biblia, La Palabra de Dios para todos © 2005, 2015 Bible League International. Usado con permiso. Todos los derechos reservados.

El texto bíblico indicado con "NTV" ha sido tomado de la Santa Biblia, Nueva Traducción Viviente, © Tyndale House Foundation, 2010. Usado con permiso de Tyndale House Publishers, Inc., 351 Executive Dr., Carol Stream, IL 60188, Estados Unidos de América. Todos los derechos reservados.

Las cursivas en los versículos bíblicos son énfasis del autor.

Contenido

PREFACIO

PARTE 1

1	Una llave maestra	7
2	La oración más poderosa del mundo	11
3	Perdonar y ser perdonado	19
4	¡Pero ellos no lo merecen!	27
5	Empezando con los padres	35
6	Tratando con los ladrones	41
7	¿Yo también?	51
8	¿Con qué frecuencia, Señor?	57
9	¿Y qué de Dios?	63
10	Los siete pasos hacia la libertad	69
11	¡Todo depende de ti!	81

PARTE 2

12	Historias personales de sanidad por medio del perdón	85

Acerca Del Autor	107
Acerca de Ellel Ministries International	109
Sobre Ellel Ministries USA	111
Próximas Publicaciones En Español	113

—Padre —dijo Jesús—, perdónalos, porque no saben lo que hacen.
Lucas 23:34

Prefacio

¡La oración más poderosa del mundo es la llave maestra de Dios! El perdón no solamente es la llave para la restauración de nuestra relación con Dios, sino que también es la llave para la sanidad de las consecuencias de las relaciones que nos han hecho daño y que nos han herido.

Jesús en la cruz oró esas dramáticas palabras a Dios, "Padre, perdónalos porque no saben lo hacen". ¡Qué ejemplo! Él nos enseñó a todos como tener un corazón que está dispuesto a perdonar, incluso cuando las personas hacen cosas terriblemente malas.

Aprender a orar esta oración tan poderosa es el comienzo de una aventura con Dios para toda la vida. No solo traerá mucha sanidad a tu pasado, sino que también abrirá nuevas puertas en el futuro. ¡El perdón es, al mismo tiempo, la llave maestra de Dios y una llave de milagros!

Conozco muchas, muchas personas cuyas vidas han sido totalmente transformadas por Dios en la medida en que han vivido los efectos de hacer esta oración. Algunas de sus historias están en este libro.

La primera edición fue llamada simplemente **La oración más poderosa del mundo.** Se han agregado testimonios de personas que han puesto en práctica la oración del perdón, por lo que el título de esta nueva edición ahora refleja el hecho de que muchos han encontrado que el perdón es la llave maestra que habían estado buscando. Una llave maestra que resuelve los problemas más difíciles.

Te puedo garantizar que, si aprendes a orar esta oración, sinceramente, de todo corazón, ¡tu vida nunca será igual! Tú vas a cambiar, tus circunstancias también van a cambiar y tendrás una historia que contar sobre lo que Dios ha hecho en tu vida.

Sin el perdón, como piedra fundamental de nuestra fe, cada vez que somos heridos por lo que otros dicen o hacen, vamos a estar en mayor esclavitud. El perdón es la llave maestra de Dios que abre la puerta de la esperanza y la sanidad.

¡Mi oración es que quieras caminar conmigo esta fascinante aventura de fe, que utilices la llave maestra y que puedas ver como Dios cambia tu vida como resultado!

Peter Horrobin
Septiembre de 2008

Parte 1

El perdón - La llave maestra de Dios

I

Una llave maestra

La salida de Dios

Una casa tiene muchos cuartos y muchas puertas. Cada puerta tiene su propia llave. Pero una llave maestra está diseñada para abrir cualquier puerta en el edificio. La persona que tiene la llave maestra puede ir a cualquier lugar.

La vida que cada uno de nosotros hemos vivido es como un edificio con muchos cuartos diferentes. Cada cuarto contiene las memorias de eventos importantes en nuestra vida. Algunas puertas son anchas y están abiertas todo el tiempo y nosotros disfrutamos felizmente de los recuerdos que estas habitaciones contienen.

Otras puertas están cerradas y no tenemos dificultad en abrirlas cuando queremos. No hay dolor asociado con las memorias que esos cuartos contienen.

Aunque, hay otras puertas que están cerradas y aseguradas. Lo que está detrás de estas puertas es muy doloroso de enfrentar y muchas veces, incluso hemos botado la llave. Algunas de estas habitaciones tienen nombres como trauma, rechazo, traición, abuso, deslealtad, divorcio, accidentes y muchos otros.

Las personas continúan su vida sabiendo que, detrás de esas

puertas hay dolor no resuelto. El dolor fue causado por personas que los han herido en el pasado. Algunas veces, el dolor también es causado por sus propios errores, y no saben cómo resolver la situación, por lo que se sienten responsables. Hacen todo lo posible para soportar y seguir viviendo, pero con el paso de los años se hace cada vez más difícil cubrir el hecho de que están sufriendo por dentro.

Las casas de la vida de algunas personas tienen tantos cuartos cerrados que no hay espacio suficiente para vivir. Han cerrado las puertas con el desorden adentro, esperando que permanezcan cerradas para siempre. Sin embargo, eventualmente dejan de ser capaces de funcionar como seres humanos normales. Hay tanto dolor escondido, trauma, ira, resentimiento o celos, que se alejan más y más de la persona que Dios quiso que fueran.

A veces, el desorden que está dentro de esas habitaciones cerradas sale por debajo de la puerta. Cuando esto pasa, las personas intentan cubrirlo y continuar como si nada estuviera pasando. No obstante, las demás personas pueden ver el problema y, sus familiares y amigos sufren las consecuencias.

A veces, tratan de limpiar el caos desde afuera, pero siempre hay tanto desorden saliendo y filtrándose por debajo de las puertas que no lo pueden enfrentar. Saben que la única manera de tratar el problema correctamente es abriendo la puerta y entrando, sin embargo, han botado la llave. No pueden abrir la puerta por sí mismos. Necesitan ayuda. Necesitan una nueva llave.

Sorprendentemente, Jesús nos dejó una llave maestra, una llave tan poderosa y efectiva que puede abrir, incluso, la más terca de las puertas cerradas. ¡Mas él requiere nuestra cooperación para usarla!

Jesús no tiene miedo del caos que hay detrás de las puertas. Quiere ir con nosotros y ayudarnos a limpiarlo. Él personalmente diseñó esta llave maestra para ti y para mí. Y nos mostró cómo usarla.

La llave maestra de oro es la oración más poderosa del mundo. ¡Trans-

forma vidas! Y ahora mismo, en las páginas de este libro, tienes las instrucciones de cómo usarla.

No hay circunstancia tan horrible y devastadora que esté fuera del alcance de esta maravillosa oración. Hannah iba rápidamente por el camino de las drogas y el suicidio. Su vida había sido arruinada por años de crueles y dolorosos abusos sexuales en su familia. Colocó la llave maestra en la puerta e hizo la oración. Dios cambió su vida para siempre.

Michael estaba desesperado porque su esposa, a la que amaba tanto, cayó en adulterio con su mejor amigo y se fue con él. Cuando oró la oración, su corazón roto fue sanado, fue capaz de empezar de nuevo y de rehacer su vida.

Lynda había perdido la esperanza. A los veintiséis años estaba con una pensión de invalidez debido a un terrible accidente. Ella oró la oración y ahora está casada y vive una vida normal, sin discapacidad y sin necesidad de una pensión.

Tus circunstancias tal vez no sean tan malas como las de Hannah, Michael o Lynda, ¡o podrían ser peores! No importa cuál sea tu situación, cuando aprendas a orar la oración más poderosa del mundo, y la hagas de todo corazón, las cosas cambiarán. Van a cambiar porque tú, que siempre has sido parte de ellas, vas a cambiar.

Continúa leyendo y aprenderás cómo usar esta maravillosa llave maestra que transforma vidas.

2

La oración más poderosa del mundo

Dinamita espiritual

Jesús no sólo nos enseñó a orar, sino que también nos enseñó cómo usar dinamita espiritual. Hacia el final de su vida se encontró en una situación imposible. No había salida. ¿Qué iba a hacer?

LA ORACIÓN QUE JESÚS ORÓ

Después de tres maravillosos años enseñando y sanando a la gente, el panorama cambió y se volvió en contra de Jesús. Ahora se enfrentaba a la crucifixión (véase Lucas 23). Muchas personas habían participado para formar el escenario que se desarrollaba y lo llevaba a su situación actual.

Primero, los líderes religiosos. Estaban celosos de la popularidad de Jesús y se sentían amenazados por su poder y su autoridad. Ellos lo odiaban.

Luego, Judas, el discípulo que tristemente engañado pensó que treinta piezas de plata eran un precio justo para traicionar a su maestro. Finalmente se suicidó.

En el juicio de Jesús estaba Pilato, el débil gobernador de la provincia romana de Judea, que trató de lavarse las manos de cualquier responsabilidad de lo que estaba pasando.

Y luego estaba Herodes, el impotente rey judío. Pilato le envió a Jesús para una segunda opinión, no obstante, lo único que hizo fue ridiculizarlo y burlarse de él. Los principales sacerdotes y los maestros de la ley observaron la actuación y lo acusaron con vehemencia.

Había una gran multitud de personas en Jerusalén por la fiesta de la pascua. Instigados por las autoridades, se les incitó a clamar por la ejecución de Jesús. Insistieron: ¡Crucifícalo! ¡Crucifícalo!

Y no olvidemos a Barrabás, el notorio criminal que ganó su libertad a expensas de la vida de Jesús.

En el arresto y crucifixión de Jesús estaban los soldados romanos. Simplemente obedecían las órdenes de su comandante cuando clavaban el cuerpo de Jesús en la cruz. Echaron suertes por su ropa y se burlaron de él con palabras crueles: "Si eres el rey de los judíos, sálvate a ti mismo".

Y finalmente estábamos tú y yo, junto a todos los seres humanos que han existido.

Toda la gente, incluyéndonos a ti y a mí, somos responsables de que Jesús fuera llevado al Calvario para ser crucificado. Él encontró su muerte al lado de dos criminales comunes que estaban destinados para ser ejecutados ese mismo día.

En el principio, la humanidad le dio la espalda a Dios, quien los creó, y rompió relaciones con él. Como resultado, la muerte entró en la raza humana. Fue nuestro pecado, por lo tanto, el que hizo que el Padre pusiera en marcha el único plan de rescate posible que pudiera restaurar la relación entre Dios y la raza humana. Dios amó tanto al mundo que dio a su único Hijo para pagar el precio por nuestros pecados. *¡Nuestros pecados llevaron a Jesús a la cruz! ¡El amor de Jesús, por nosotros, lo mantuvo ahí!*

No hay nadie en el mundo que haya vivido o vaya a vivir, que sufriera tan terrible injusticia. Nadie jamás ha tenido una excusa tan grande para acusar a otros y decir: "No es justo".

Entonces, ¿qué hizo Jesús? Él oró, y esto fue lo que oró: "Padre, perdónalos, porque no saben lo que hacen". *¡Creo que esta es la oración más poderosa que alguna vez se haya orado!* Jesús no sólo perdonó a todos los que fueron agentes de su sufrimiento, sino que también le pidió a Dios que los perdonara.

Pedirle a Dios que perdone, en circunstancias como éstas, fue una demostración extraordinaria de lo que Jesús quiso decir cuando dijo: "bendigan a quienes los maldicen, oren por quienes los maltratan" (Lucas 6:28, NVI). Jesús le estaba pidiendo a su Padre que permitiera a sus perseguidores entrar en los maravillosos beneficios que él había planeado y propuesto para ellos, beneficios tales como el gozo, la libertad de la esclavitud, y el más grande de todos, una relación con él mismo.

Todos los ángeles del cielo deben haberse inclinado en silenciosa adoración al ver a su amado Jesús dar la espalda al resentimiento, la amargura, la ira y la venganza, cuando le pidió al Padre que perdonara a todos aquellos que iban a contribuir en su muerte. ¡Qué hombre! ¡Qué Dios!

LA NECESIDAD DE UN CORAZÓN PERDONADOR

Es imposible pedirle a Dios que perdone a los que nos han herido sin que primero nosotros los perdonemos de corazón. Jesús incluso dijo que, si no perdonamos a los que nos han herido, entonces nuestro Padre celestial no nos perdonará (véase Mateo 6:15).

Las personas se sorprenden al saber que esto está en la Biblia.

Claro, Dios quiere perdonarnos, dicen ellos. Si, él quiere, pero él también nos ha dado la posibilidad de elegir; y no anulará las decisiones que hemos tomado. *Si elegimos no perdonar aquellos que nos han herido, nos ponemos bajo su control. Si estamos bajo su control, no podemos ser libres para que Dios nos sane y nos de la libertad.* Si Jesús no hubiera perdonado a todos los que lo hirieron, esto habría cambiado su relación con Dios Padre.

Cuando confesamos nuestro propio pecado a Dios, aunque rehusamos perdonar a otros, le estamos pidiendo a Dios que haga algo por nosotros, que no queremos hacer por los demás. Eso es hipocresía.

Jesús contó una parábola acerca de un siervo al que el rey le perdonó una enorme deuda de millones de dólares, sin embargo, se negó a perdonar a su vecino por una pequeña deuda de unos cuantos dólares. ¡El rey puso al siervo en prisión hasta que pudiera pagar completamente la deuda! Jesús advierte que aquellos que se comportan como este siervo nunca conocerán la libertad (véase Mateo 18: 21-35).

¡Jesús inclusive nos dijo que amemos a nuestros enemigos! Él sabía que si reaccionamos con amargura de corazón contra quienes se oponen a nosotros y que además nos hacen cosas malas, estaremos en esclavitud atados a esas personas por el resto de nuestras vidas. Sabía que, si ignoramos este principio vital, encontraremos que nuestra reacción hacia aquellos que nos han herido puede hacernos tanto daño como la ofensa original. Él quiere que seamos libres de todo eso.

Sólo cuando hayamos perdonado verdaderamente a otros, seremos capaces de orar, de corazón, como lo hizo Jesús: "Padre, perdónalos". *Perdonar a otros es el primer gran paso que conduce a nuestra libertad total de las cadenas que rodean a un corazón herido.*

CAMBIAR DE ADENTRO HACIA AFUERA

Yo estaba enseñando en una conferencia en Hungría, justo cuando el muro comunista entre Rusia y Europa del Este cayó. Los últimos tanques rusos estaban dejando Budapest. La gente que había venido a la conferencia era de los países vecinos controlados por el comunismo.

Cuando vi a este gran grupo de cristianos severamente oprimidos, mi corazón se conmovió por sus necesidades. Sentí una parte del dolor que Dios debe haber sentido por todo lo que habían sufrido. Muchos estaban sufriendo físicamente, y su postura física reflejaba su dolor interno.

Tomé un gran riesgo y les hablé de perdonar a sus opresores comunistas. Yo no sabía cómo iban a responder, si bien el Espíritu de Dios empezó a cambiarlos en la medida en que ellos empezaron a entender lo que Jesús decía acerca de perdonar aun a nuestros enemigos.

Uno por uno, las personas empezaron a ponerse de pie en el momento que tomaron la decisión de perdonar. Luego, de un momento a otro, todos estaban de pie, la verdad de la Palabra de Dios los penetró. A través del intérprete, los guié frase por frase, y ellos oraron su perdón.

El Espíritu de Dios cayó sobre las personas. ¡En el mismo salón donde, en años anteriores, los líderes comunistas se habían reunido para sus conferencias! Yo declaré, como dicen las Escrituras, que Jesús había venido para liberar a los cautivos, y luego tomé autoridad sobre los poderes de la oscuridad que mantenían a estas personas en esclavitud.

La sanidad comenzó a fluir de Dios Padre a su pueblo herido. Estaban cambiando por dentro, y muy pronto sus cuerpos comenzaron a reflejar la profunda sanidad interior que estaban experimentando.

¡Nunca, en todos mis años de ministerio alrededor del mundo, había visto a Dios sanar a tanta gente en tan poco tiempo! La gente literalmente se irguió, al expresar el perdón, la opresión espiritual sobre ellos se rompió y sus espaldas dañadas y dobladas, fueron restauradas.

Ante mis propios ojos vi como ocurrió un milagro. Cuando perdonaron a sus opresores, experimentaron de primera mano, el maravilloso poder de Dios que se libera a través del simple acto de perdonar de corazón.

EL PODER DE LA ORACIÓN

"Padre, perdónalos" es la oración más poderosa que tú puedes orar:

- Transforma tu relación con Dios.
- Libera el poder del Espíritu Santo en tu vida.
- Restaura tu alma.
- Abre la puerta para la sanidad de Dios.
- Transforma tu relación con otras personas.

Pero ninguno de nosotros puede realmente orar esta extraordinaria oración hasta que hayamos aprendido a perdonar a otros por lo que nos han hecho. Y algunas veces necesitamos perdonarnos a nosotros mismos, antes de que tengamos la capacidad de cambiar nuestros corazones para bendecir a otras personas.

Esteban, el primer mártir cristiano, también aprendió la lección del perdón. Tuvo tal actitud de perdón hacia sus acusadores que cuando fue apedreado a muerte, con el hombre que luego se convirtió en el apóstol Pablo observando, él también pudo hacer la oración más poderosa del mundo. Con palabras muy similares a las que Jesús usó, oró, "¡Señor, no les tomes en cuenta este pecado!" (Hechos 7:60).

¡Qué importante es que aprendamos a vivir así, en las circunstancias ordinarias de la vida, y no sólo cuando enfrentamos los extremos de la persecución que Esteban y muchos otros, han enfrentado a través de los siglos!

Aprender a orar esta asombrosa oración de corazón, puede ser la cosa más importante que jamás hayas hecho. Es la llave maestra de Dios, especialmente diseñada para desbloquear los problemas más difíciles de tu vida.

Es la dinamita espiritual que Dios usa para destruir las puertas de la prisión. Esas puertas nos pueden mantener encerrados en el dolor del pasado. Es la oración más poderosa del mundo.

3

Perdonar y ser perdonado

La ley divina de Dios para bendecir

Todos los días la gente excede el límite de velocidad en sus carros. Estas personas violan las leyes del lugar donde viven. A menos de que sean atrapados por un aparato medidor de velocidad, nada pasa. Leyes como estas son hechas por el hombre, y el hombre tiene necesidad de hacerlas cumplir.

LAS LEYES DEL UNIVERSO

Sin embargo, hay otras leyes en el universo que no son hechas por el hombre, y si las ignoramos, hay consecuencias, aun si no hay nadie que las haga cumplir. Estas leyes son físicas y espirituales.

Tomemos, por ejemplo, la ley de la gravedad. Si sueltas una moneda, ésta cae al suelo. Si saltas por un precipicio, tu cuerpo obedecerá la ley de la gravedad, caerás, y probablemente vas a morir. Todo en el universo obedece la ley de la gravedad. Nadie puede ignorarla, ni siquiera por un momento. Nada ni nadie puede cambiarla.

Hay muchas leyes físicas que controlan el universo. Todas son inmutables. Son un reflejo tanto del carácter inalterable de Dios, el Creador, y del orden con el que construyó el universo.

Los primeros pioneros de la ciencia centraron su atención en descubrir estas leyes. Sin estas leyes y el orden que dan, el universo físico no sería más que caos. La vida sería imposible y los seres humanos no podrían sobrevivir.

Tanto los hombres como las mujeres son seres físicos y están sujetos a las leyes físicas. Los seres humanos también son seres espirituales. No sólo la forma y el diseño del cuerpo humano son únicos, sino que su carácter y personalidad también son totalmente únicos. En muchos lugares diferentes de la Biblia se usan las palabras "alma" y "espíritu" para describir esta naturaleza espiritual. (Véase Salmos 35:9; 51:10; 1 Tesalonicenses 5:23; Hebreos 4:12).

Así que somos seres físicos y espirituales. Debido a que somos seres físicos, estamos sujetos a las leyes físicas del universo. Pero debido a que somos seres espirituales, también estamos sujetos a las leyes espirituales que Dios ha hecho en el universo espiritual.

Y porque vivimos en la interface entre los mundos físico y espiritual, lo que sucede en lo físico puede afectar lo espiritual y lo que sucede en lo espiritual también puede afectar lo físico.

Como niños, aprendemos rápidamente sobre los peligros de ignorar las leyes físicas. Nuestros padres tratan de protegernos de descubrir los efectos de la ley de la gravedad, cuidándonos de caer en las escaleras, y de las leyes del movimiento y circulación, manteniéndonos lejos del tráfico peligroso.

Ahora, ¿dónde aprendemos acerca de los peligros de ignorar las leyes espirituales?

La intención de Dios fue que nuestros padres no sólo nos enseñaran lecciones físicas vitales, sino que también nos enseñaran lecciones espirituales igualmente vitales. Pues, así como puede haber consecuencias físicas muy serias de ignorar las leyes físicas, puede haber consecuencias aún más graves de ignorar las leyes espirituales.

¡Ignorar las leyes físicas tiene serias consecuencias en el tiempo, más ignorar las leyes espirituales puede tener serias consecuencias por toda la eternidad!

Porque tú y yo, y toda la humanidad, elegimos rebelarnos contra Dios, quien nos hizo, la relación con él se quebrantó. Como resultado perdimos la comprensión de estos principios espirituales, que de otro modo habríamos entendido naturalmente.

Pero Dios nos amó tanto que hizo dos cosas para ayudarnos: Primero, nos dio su palabra escrita (la Biblia) para que pudiéramos entender las cosas espirituales y aprender cuáles son las consecuencias de ignorar las leyes espirituales. Luego envió a su Hijo, Jesús (la palabra viva), para que pudiéramos restaurar nuestra relación con él.

Jesús nos dice que una de las razones por las que vino fue para mostrarnos cómo es el Padre Dios, realmente, porque él y el Padre son uno. Les dijo a sus discípulos que, si lo habían visto a él, también habían visto al Padre (véase Juan 14: 7-9).

LA LEY DEL PERDÓN

Todos tenemos libre albedrío, la habilidad de tomar decisiones sobre todo en la vida. Podemos tomar decisiones correctas o incorrectas, buenas o malas. Las decisiones correctas y buenas traerán bendición a nuestras vidas. Las decisiones incorrectas y malas traerán el efecto contrario.

¡Y esto nos lleva de regreso a la oración más poderosa del mundo! Para orar esta asombrosa oración es necesario abrazar un principio que está justo en el corazón de las leyes espirituales de Dios. ¡Tomar la decisión correcta con respecto a este principio, te pone en el camino para recibir las bendiciones!

Los discípulos le preguntaron a Jesús cómo orar. La respuesta de Jesús fue darles un patrón que formaría la base de todas nuestras oraciones. Lo llamamos El Padre Nuestro (véase Mateo 6: 9-13, Lucas 11: 1-4).

Todos los que creen en Dios y oran quieren saber que sus pecados son perdonados. No quieren que sus pecados no perdonados permanezcan en la mente de Dios por la eternidad y sean una barrera entre ellos y Dios. Por lo tanto, los discípulos debieron sentirse aliviados al escuchar que Jesús incluyó en la oración del Padre Nuestro, la frase: "Perdona nuestras deudas" (véase Mateo 6:12).

Nosotros traspasamos los límites cuando vamos más allá de lo que nos es permitido. Si ignoramos los avisos que dicen "Privado" y caminamos en la tierra de otro, estamos entrando sin permiso. De la misma manera, cuando sobrepasamos los límites que Dios ha establecido, la línea que divide entre lo que está bien y lo que está mal, nos sobrepasamos con él. Dejamos un rastro de huellas espirituales, ¡Dios sabe dónde hemos estado!

Así como las relaciones humanas se dañan cuando invadimos la privacidad de otro, las relaciones con Dios se dañan cuando cruzamos los límites espirituales. Nuestra conciencia se ve afectada porque sabemos que hemos hecho mal.

En el fondo anhelamos restaurar la relación. Para lidiar con la situación tenemos que enfrentar nuestro orgullo y humildemente regresar a Dios. Tenemos que decirle que lo sentimos y pedirle perdón por nuestro pecado. ¡La humildad es la puerta para la gracia de Dios!

El Padre Nuestro nos lleva a este punto de pedir perdón a Dios, entonces de repente encontramos que la siguiente frase contiene palabras incómodas y desafiantes. No sólo dice: "Perdona nuestras ofensas", sino que también dice, "así como nosotros perdonamos a los que nos ofenden". Aquí es donde nos enfrentamos con una de las leyes espirituales más importantes, leyes que no pueden ser cambiadas y a las que estamos sujetos, aunque no estemos de acuerdo, ¡nos guste o no!

Los discípulos debieron haber luchado con la idea de que tenían que perdonar a otros, porque Jesús tuvo que decirles de nuevo y en palabras muy simples: "Pero, si no perdonan a otros sus ofensas, tampoco su Padre les perdonará a ustedes las suyas" (véase Mateo 6:15).

Pedro, uno de los discípulos de Jesús, incluso le preguntó cuántas veces necesitaba perdonar a otros, sugiriendo que tal vez siete era un número muy grande y generoso. Hubo una suave reprimenda de parte de Jesús cuando le respondió: "No te digo hasta siete veces, sino hasta setenta veces siete." (Véase Mateo 18: 21-22 LBA). En otras palabras, ¡deja de contar y solo sigue perdonando!

LA LEY DE LA BENDICIÓN

Si queremos experimentar las bendiciones de Dios, entonces tenemos que perdonar continuamente a otras personas. De lo contrario, cuando le pidamos a Dios que nos perdone, le pediremos algo que no estamos dispuestos a hacer por otros. Quedaremos atrapados en nuestra propia hipocresía.

No hay manera de que Jesús pudiera haber orado la oración más poderosa del mundo, si primero no hubiera llegado al punto de perdonar a aquellos que lo estaban crucificando en ese pedazo de madera. Él sabía que perdonar a otros era una puerta esencial para recibir las bendiciones continuas de Dios. Esto es lo que les enseñó a sus discípulos que debían hacer una y otra vez.

El perdón de los pecados es la bendición más grande que Dios ha puesto a disposición de sus hijos, pero si no estamos dispuestos a perdonar a otros, también perdemos lo mejor que Dios tiene para nuestras vidas.

Considere los ejemplos de Mary y Alec, que descubrieron la bendición que viene con el perdón. Mary había sido abusada sexualmente por su padre durante muchos años, y también había hecho muchas cosas incorrectas, incluyendo tener varias relaciones sexuales erróneas. En los brazos de otros hombres, ella estaba buscando el consuelo que su padre debió darle.

Mary sabía que estas relaciones habían sido equivocadas y se lo confesó a Dios con muchas lágrimas. Ella sabía que había hecho lo correcto al confesarlas, aunque no se sintió muy diferente y no podía entender por qué.

Fue entonces cuando tuvo que enfrentarse a la decisión más difícil de su vida, decidir perdonar o no a su propio padre. ¿Cómo podría ella, después de todas las cosas tan terribles que él le hizo? Sin embargo, en el fondo sabía que su actitud hacia su padre era una barrera que le impedía recibir el perdón de Dios para ella misma.

Lentamente Mary enfrentó el asunto, y se dio cuenta de que, si no perdonaba a su padre, los pensamientos sobre lo que él le había hecho la controlarían por el resto de su vida. Ella quería ser libre, y para serlo tenía que dejar toda la amargura y la ira que había en su corazón.

Finalmente, la batalla fue ganada y ella pudo perdonarlo. Fue sólo entonces que también conoció el profundo amor que Dios tenía por ella, porque él quitó la carga de sus propios pecados. Fue bendecida en una manera totalmente nueva, tal como Jesús había dicho en Mateo 6:14.

Mary aprendió que no podemos ignorar la ley espiritual de Dios referente al perdón. Es una ley tan poderosa en el reino espiritual como lo es la ley de la gravedad en el reino físico. Si ignoramos esta ley, sufriremos; si la obedecemos, caminaremos con la bendición de Dios.

Alec luchaba desesperadamente con lo que creía era una injusticia: tener que perdonar a otros, hasta que experimentó en su corazón la bendición y el gozo de perdonar a la persona que más lo había herido. Después de esto, fue un hombre completamente diferente, ¡estaba desesperado por recordar a quien más tenía que perdonar para poder disfrutar más de la bendición!

Mary y Alec, y muchos como ellos, descubrieron las leyes espirituales de Dios de la manera más dura. Al ignorar el mandato de Dios de perdonar, descubrieron la ley que los mantuvo en cadenas espirituales. Cuando perdonaron, descubrieron otra ley, esta vez una ley de bendición. Entonces comenzaron a conocer el perdón de Dios por sí mismos. Aprendieron la relación que existe entre perdonar a otros y ser perdonados, y comenzaron a probar por sí mismos las bendiciones que Dios promete.

4

¡Pero ellos no lo merecen!

El mayor obstáculo

¡Es verdad! Cuando la gente hace cosas malas que lastiman a otros, no merecen ser perdonadas. Jesús pudo haber tomado esta actitud con todos los involucrados en los eventos que lo llevaron al Calvario, desde las multitudes que gritaban "¡Crucifícale!" hasta los soldados que le clavaban las manos. ¡Y él habría estado en lo correcto, ellos no merecían ser perdonados!

Pero en lugar de eso, clamó a Dios, diciendo: "Padre, perdónalos, porque no saben lo que hacen."

Parece que el perdón no tiene ningún sentido, y sobre todo no tiene sentido pensar de esta manera cuando estamos sufriendo tan profundamente por lo que los demás nos han hecho. Un sentimiento de injusticia crece dentro de nosotros y gritamos: "¡No es justo!"

El perdón no tiene sentido hasta que entendamos que perdonar es siempre un acto de amor y nunca un acto de justicia. Es importante que entendamos la diferencia entre el perdón y la justicia.

LA DEMANDA DE JUSTICIA

Cuando un hombre es arrestado por robo, la justicia exige que pague el delito devolviendo lo robado a su legítimo propietario, pasando tiempo en la cárcel o pagando una multa. La Biblia explica este punto claramente cuando describe algunos de los castigos que eran apropiados para crímenes particulares; se tenía que hacer justicia.

Cuando se ha pagado la deuda con la sociedad, se dice que el excriminal es un hombre libre. ¿Pero, si lo es? Bueno, eso depende de cómo veamos las cosas. En lo que respecta a la sociedad, el hombre es libre. Mientras que su comportamiento permanezca dentro de la ley, será libre por el resto de sus días. ¿Sin embargo, es realmente libre?

La verdadera libertad para el criminal sólo puede venir cuando también le pide perdón a la persona que ha ofendido, recibe el perdón y, si es posible, hace restitución por su crimen.

Esto sólo se ocupa de las consecuencias humanas del pecado del hombre. En realidad, no sólo ha hecho un mal a la víctima de su crimen y a la sociedad, sino que también ha roto uno de los mandamientos de Dios y se ha enfrentado con una de sus leyes espirituales. Puede enmendar su falta con la sociedad y con la persona que robó, pero ¿puede también enmendar su error con Dios?

Ya hemos establecido que los seres humanos son seres físicos y espirituales y que hay consecuencias espirituales de las cosas físicas que hacemos. Cuando hacemos el mal, nuestra relación con Dios se daña y como resultado, nos atamos en cadenas espirituales. ¡Nadie necesita ponernos en una prisión espiritual por lo que hemos hecho, ya estamos ahí!

¡Es como con la gravedad! En el reino físico, si nos caemos por un acantilado no podemos decidir si nos caemos o no. Caeremos nos guste o no.

De la misma manera, cuando elegimos rebelarnos contra Dios, quien nos hizo, e ignoramos las leyes espirituales que ha construido en el universo espiritual, caeremos en una prisión creada por nuestras propias decisiones.

Una vez que caemos por el acantilado espiritual, es demasiado tarde. Nos encontramos en una prisión de la que no hay una salida obvia. Así como la justicia humana requiere que el precio del crimen sea pagado, la justicia eterna requiere que el precio del pecado también sea pagado.

Por ejemplo, tú has sido puesto en una prisión física porque no puedes pagar la fianza que ha exigido el juez, no hay manera de que puedas salir y ganar el dinero para pagarla. Es una situación imposible. ¡No tienes el dinero en la cárcel para pagar la multa y no puedes salir de la prisión para ganar dinero hasta que la fianza haya sido pagada! Es necesario que alguien que no esté en prisión venga a pagarla.

El problema con el pecado es que cada ser humano que ha caminado en la faz de la tierra está en la misma prisión. ¡Todos nos hemos caído del mismo acantilado espiritual y hemos descubierto que la gravedad espiritual es tan inmutable como la gravedad física!

Nuestra relación con Dios está rota y estamos en la cárcel. Es más, no hay otro ser humano que pueda pagar la multa y cumplir con los requisitos de la justicia. Todos estamos atrapados en la misma prisión excepto, Jesús. Él es el único ser humano que nunca pecó y, por lo tanto, ¡nunca hubo una razón para ponerlo en la cárcel!

Jesús fue el Hijo de Dios, sin pecado, que vino a la Tierra como un ser humano. Si bien, él fue tentado con mucha frecuencia, pero nunca pecó. Jesús nunca se permitió quedar bajo el control de otros. Él nunca cayó por un acantilado espiritual para descubrir las consecuencias de la gravedad espiritual. Siempre tomó decisiones correctas, por lo que nunca hubo una razón que lo pudiera llevar a la prisión espiritual que ha atrapado a todos los seres humanos.

Como ser humano sin pecado, Jesús estaba en condiciones de defender el caso de los pecadores y pagar el precio por los que estaban en la cárcel. El último precio por el pecado es una relación quebrantada con Dios, quien nos creó, o dicho de otra manera, la muerte.

Debido a que Jesús nunca pecó, no estaba en prisión con nosotros, así que cuando pagó el precio de nuestro pecado muriendo en la cruz, no había ningún crimen en su expediente y el carcelero no pudo retenerlo en prisión. ¡Ni siquiera la muerte pudo retenerlo! (Véase Hechos 2:24).

Fue como si él fuera a la cárcel en nombre nuestro, pagó la multa que cada uno merecía pagar. Se hizo justicia. Jesús se unió a toda la raza humana a través de su muerte. Sabía lo que era sentirse abandonado por Dios, el Padre. Sin embargo, como era un hombre libre, la muerte no podía mantenerlo bajo su dominio. Ciertamente la resurrección era el siguiente paso, ¡era un asunto de cuando sucedería y no, de si sucedería!

Por medio de la muerte de Jesús, el precio por el pecado fue pagado y se hizo justicia. Dios abrió un camino para que las consecuencias espirituales (eternas) del pecado humano fueran tratadas.

PAZ CON DIOS

El pecado no confesado y el pecado no perdonado actúan en nuestro interior. Lo que comenzó como un problema espiritual puede, con el tiempo, convertirse en un problema físico. Cuando Jesús sanó a un paralítico, primero trató con el perdón de sus pecados. Santiago nos dice que necesitamos confesar nuestros pecados unos a otros para ser sanados (véase Santiago 5:16).

La historia de Tania ilustra la paz que trae la confesión. Al final de una sesión de la conferencia que estaba enseñando sobre la sanidad, Tania se acercó a mí y confesó que había estado malversando dinero de su empleador y ahora le debía miles de dólares. El conocimiento de lo que había hecho la estaba paralizando interiormente. El dinero robado no le trajo el placer que había anticipado.

Mientras ella derramó su confesión a Dios, sabía que la única manera de seguir adelante era confesar su pecado a su empleador y hacer restitución. Esa noche, se fue muy aprehensiva sobre lo que iba a suceder en la oficina al día siguiente, pero también se fue en paz con Dios por primera vez desde que había comenzado a robar el dinero. Su sanidad había comenzado.

Volviendo ahora a nuestro criminal que había sido arrestado por robo, una vez que trató con las consecuencias humanas de su crimen, ¿qué debería hacer para ser totalmente libre? Todo lo que necesita es confiar en Jesús como su Salvador y pedirle a Dios que lo perdone, como un acto de amor, por sus pecados.

Ninguno de nosotros merece un tratamiento tan generoso. No merecemos ser perdonados por nada de lo que hemos hecho; sólo fue posible porque Dios es un Dios de amor y porque su Hijo, Jesús, pagó voluntariamente el precio, asegurando que en los tribunales de justicia celestial se hiciera justicia.

Ciertamente nuestro criminal no merece ser perdonado, pero lo triste es que ni tú ni yo, tampoco lo merecemos. En última instancia, todos somos culpables del mismo crimen, rebelión contra un Dios santo, ¡y todos hemos terminado en la misma cárcel! O para usar una analogía diferente: todos estamos en el mismo barco. Sí, algunas personas pueden hacer cosas que son mucho peores que otras, no obstante, las consecuencias espirituales y eternas son las mismas.

LA LIBERTAD DEL PERDÓN

Un principio similar opera con respecto al perdón. Sin considerar si lo que te han hecho es grande o pequeño, el resultado final de la falta de perdón es el mismo. Cuando elegimos no perdonar a alguien la amargura, el resentimiento y la ira crecen y luego se arraigan en nuestro interior. Actúan como un cáncer en nuestras emociones y quedamos interiormente anudados, no importa que tanto creamos estar en lo correcto y que tanto las otras personas estén equivocadas.

Podemos hacer comparaciones entre ellos y nosotros, elevarnos a un lugar de superioridad y justificar nuestra falta de perdón a los demás sobre la base de que somos mucho mejores que ellos, aunque en realidad no nos ayuda en absoluto.

Puede ser cierto que la gente que realmente nos ha hecho daño, ha pecado contra nosotros, en un grado mucho mayor de lo nosotros les hubiéramos podido hacer. ¡Pero eso no minimiza el efecto que está teniendo en nuestro interior!

A la ofensa que ya hemos sufrido se le suma, día tras día, nuestra propia falta de perdón. Finalmente consume todo; y la esencia de la persona que somos se pierde en un mar de resentimiento, que puede conducir a años de condiciones emocionales, psicológicas e incluso físicas (véase Hebreos 12:15).

Si quieres ser libre del veneno de la amargura y ser sanado de las consecuencias devastadoras que la falta de perdón puede producir en tu salud, en tu familia y en todas tus relaciones, entonces necesitas tomar la decisión de comenzar a perdonar, ahora. Sólo entonces podrás seguir el ejemplo de Jesús y orar la oración más poderosa del mundo: "Padre, perdónalos".

Cuando hayas llegado al lugar de poder pedirle a Dios que perdone a quienes te han herido, las cadenas de la esclavitud comenzarán a caer y tú, finalmente, caminarás libre.

La historia de Jenny ilustra la libertad que el perdón trae. Jenny había sufrido cosas indecibles en manos de su madre. Treinta años después, la vida de Jenny se sostenía únicamente a través de altas dosis de medicamentos dados por su psiquiatra. Su vida entera estaba en riesgo. El suicidio parecía una atractiva vía de escape.

Aunque no había tenido ninguna relación con su madre durante muchos años, la realidad era que, en su interior, su madre todavía la controlaba. Las cadenas de la falta de perdón guardaban vivos en su mente, todos los recuerdos y sufrimientos de la infancia. Estaba totalmente atrapada.

Perdonar a su madre parecía la caminata más peligrosa e injusta que Jenny podía hacer. Se sentía como un viaje imposible. Poco a poco, la pequeña Jenny dio los pasos y logró dejar el dolor del pasado.

Las cadenas de la esclavitud fueron rotas y ahora Jenny es libre para ser ella misma por primera vez en su vida. Perdonar a su madre comenzó el proceso de sanidad personal del dolor del pasado. ¡Orar para que Dios bendijera a su madre significaría permanecer libre en el futuro!

La madre de Jenny no merecía ser perdonada, ¡pero no perdonarla condenaba a Jenny a un infierno en la tierra! *¡Aprender a orar la oración más poderosa del mundo, liberó a Jenny para siempre!*

5

Empezando con los padres

La importancia de perdonar a nuestros padres por todo

¡Te guste o no, tus padres son las personas más importantes en tu vida! Ellos contribuyeron, más que nadie en el planeta, para hacer de ti la persona que eres. Incluso si te dieron en adopción o te regalaron, y nunca los ha visto.

Al contrario de lo que dicen los que promueven el aborto como derecho de la mujer, tú eras un ser humano desde el momento de tu concepción. Por esta razón, aun las circunstancias de esos momentos tan trascendentales podrían tener, todavía, un efecto en tu vida.

Por un lado, tus padres pudieron haberte proporcionado el más maravilloso de los comienzos en la vida, rodeado de cariño y ternura. Por otro lado, pudo haber sido la más horrible de las experiencias traumáticas, ya que, por ejemplo, tu madre fue violentamente violada por un intruso. La mayoría de la gente comenzó su vida en algún lugar intermedio entre estos dos extremos.

ENFRENTANDO NUESTRA HERENCIA

Aun si tuviste los padres más amorosos y fuiste un bebé deseado, tus padres están lejos de ser perfectos. Heredaron las consecuencias de la crianza de sus propios padres, y sus padres heredaron de la generación anterior y así sucesivamente. Todos nosotros somos el fruto de nuestros antepasados, y no todo lo que hemos heredado de ellos es bueno.

Esto puede sonar como muy malas noticias. Y te puedes estar preguntando, "¿Qué sentido tiene todo esto, cuando no hay absolutamente nada que yo pueda hacer para cambiar lo que sucedió en el pasado?"

Estoy de acuerdo en que, si no hubiera nada en absoluto que hacer, sería simplemente un acto de crueldad recordarle a la gente los problemas sin solución de su pasado. ¡Todo lo que haría es crear ira innecesaria y hacer que los problemas de la persona parezcan aún peor!

Es absolutamente cierto que tú no puedes cambiar la influencia que tus bisabuelos tuvieron sobre tus abuelos y la influencia que tus abuelos tuvieron sobre tus padres. También es cierto que no se puede volver atrás en el tiempo para cambiar las circunstancias de tu concepción.

Tampoco puedes cambiar nada de lo que sucedió durante esos nueve meses vitales en el vientre de tu madre o lo que sucedió durante el viaje más peligroso de tu vida, desde la seguridad del útero hasta los brazos de la partera o del médico, el día que naciste.

Tu niñez y tu educación también estaban fuera de tu control. Todo lo que podías hacer era recibir lo que te ofrecían, ya fuera bueno o malo. Cualquiera que haya sido tu educación temprana no fue tu elección, sino que fue la decisión de tus padres y tu solo podías disfrutarla o soportarla.

De hecho, probablemente no fue sino hasta tu adolescencia que comenzaste a tomar tus propias decisiones sobre las cosas que eran importantes para ti. Sin embargo, para el momento en que pudiste tomar esas decisiones, como un adulto responsable, es posible que ya existiera desorden como resultado de las debilidades y equivocaciones de tus padres, sobre las cuales no podías elegir.

Así que cuando llegó tu momento y pudiste tomar tus propias decisiones, ¿adivina qué? Comenzaste a repetir los mismos errores que cometieron tus padres y, lo que es peor, probablemente cometiste algunos nuevos. ¡Y estos nuevos errores se suman a la carga que pasa a tus propios hijos!

"¡Qué desastre!", te oigo decir. ¡Estoy de acuerdo! Entonces, ¿qué sentido tiene siquiera saber todo esto? El punto es este: *No puedes cambiar nada de la herencia que tus padres te han dejado. Pero Dios puede cambiarte ahora mismo, si le das una oportunidad, para que no tengas que seguir sufriendo las consecuencias.*

ROMPIENDO CADENAS

En el primer capítulo hablamos de que hay muchas habitaciones diferentes en la casa de tu vida. Para la mayoría de la gente, los malos recuerdos de los problemas con sus padres están en un cuarto con la puerta cerrada. Creen que se quedarán allí, para siempre.

Entonces intentan vivir de la mejor manera posible, sin saber que hay una llave maestra para todas esas habitaciones y que Dios puede limpiar el desastre que está encerrado bajo llave.

No, Dios no puede cambiar los hechos del pasado, aunque si puede cambiarte a ti, en el presente para que no tengas que seguir sufriendo las consecuencias de estas cosas por el resto de tus días.

Y has adivinado bien, la llave maestra para todo esto es el perdón. Sin el uso de esta llave esas puertas nunca se podrán abrir. Y a menos que las habitaciones se limpien, el veneno que se encuentra detrás de las puertas cerradas siempre se filtrará al resto de tu vida.

Usando la llave del perdón puedes dejar atrás el pasado y con la ayuda de Dios comenzar de nuevo. Sea cual sea el legado que tus padres te dejaron, la realidad es que ellos no sabían las consecuencias que sus errores te iban a causar. Era imposible para ellos comprender que lo que estaban haciendo pudiera causarte problemas en el presente.

La Biblia lo expresa de esta manera: "Nuestros antepasados pecaron y ahora están muertos, pero nosotros sufrimos las consecuencias de sus crímenes" (Lam. 5: 7, PDT). Esta realidad también se expresa claramente dentro de los diez mandamientos (véase Éxodo 20: 5). Esto parece muy injusto hasta que nos damos cuenta de que la intención original de Dios era que los niños fueran influenciados para hacer el bien por las cosas buenas que veían de sus padres, sus abuelos y aun sus bisabuelos (véase Éxodo 20: 6). No obstante, así como una tubería de agua de lluvia es capaz de transportar agua limpia o sucia con eficiencia, debido a la Caída, el canal que Dios creó para bendecir puede ser utilizado igualmente para llevar las consecuencias de los pecados de la humanidad o las bendiciones, por la línea familiar.

Debemos agradecer a Dios por todas las cosas buenas que recibimos de nuestros padres y ancestros y, comenzar el proceso de perdonarlos por todo aquello que vino a nosotros y que ha actuado como una maldición en nuestras vidas. De esta manera rompemos cadenas que nos atan al pasado, e iniciamos el proceso de liberarnos para convertirnos en las personas que Dios quiso que fuéramos.

LIBERÁNDONOS

En la historia infantil de Los viajes de Gulliver, Jonathan Swift nos cuenta cómo Gulliver termina en Lilliput, el país de la gente pequeña. Allí la gente encuentra a este "gigante" profundamente dormido y buscan cómo protegerse cuando él se despierte.

Lo que hicieron fue amarrarlo con miles de hilos de lo que, para Gulliver, eran finas hebras de algodón, aunque para los liliputienses eran sogas. Gulliver hubiera podido romper cualquiera de estos hilos en una fracción de segundo y sin el menor esfuerzo; sin embargo, como había tantos, lograron mantenerlo prisionero y cuando se despertó, no pudo moverse.

La mayoría de las cosas que nos atan al pasado son como finas hebras de algodón. Cada una, por sí sola, tiene poca fuerza, no obstante, a menudo son tantas que nos dejan incapacitados para movernos.

La oración más poderosa del mundo simplemente nos pide que digamos: "Padre, perdónalos. No sabían lo que estaban haciendo." Para algunas personas esta es una oración fácil de hacer cuando se refiere a nuestros padres y antepasados. Podemos entender fácilmente que, como no sabían de nuestra existencia, ¿cómo podían saber el efecto que tendría su comportamiento en nosotros?

Para otras personas esta es una oración muy difícil. Debido a que tienen tantos problemas como consecuencia del comportamiento de sus padres, se han convertido en hombres o mujeres llenos de ira. La amargura se ha arraigado en ellos, y lo último que quieren hacer es perdonar a las personas que les han causado tanto dolor y angustia durante toda su vida.

Consideremos la historia de una señora que estaba luchando con una artritis que aumentaba rápidamente en sus articulaciones. Ya no podía bailar ni disfrutar de su vida. Su madre también tuvo artritis severa antes de morir. Cuando ella perdonó a sus padres y a cada una de las personas en su línea generacional que le habían hecho daño, Dios empezó a cambiarla de adentro hacia afuera.

No pasó mucho tiempo antes de que el dolor y la artritis en sus articulaciones desaparecieran y ella pudiera volver a bailar. Sólo tuvo que dar un pequeño paso, orar: "Padre, perdónalos", si bien ese paso le permitió dar un salto gigantesco hacia la comprensión y la sanidad.

¿Por qué no te tomas un tiempo para pensar en tus padres y le agradeces a Dios por todas las cosas buenas que has recibido por medio de ellos? Luego, puedes empezar a perdonarlos, y a todos tus antepasados antes de ellos, por todo lo que dijeron o hicieron que ha tenido un efecto negativo en tu vida.

Es posible que vayas a necesitar mucho tiempo para procesar todos tus sentimientos, pero cada vez que perdones a alguien por algo nuevo que descubriste, uno de los hilos que te mantenían atado se corta. Poco a poco, te irás liberando de las cadenas del pasado.

En la medida en que ores la oración más poderosa del mundo, Dios te dará nueva fuerza y te pondrá un paso más cerca de cumplir el destino que él tiene para ti.

6

Tratando con los ladrones

Libertad de aquellos que han robado parte de nuestras vidas

Las pérdidas ocurren cuando los ladrones roban cosas que no les pertenecen. Cuando nos roban objetos comunes y corrientes como el efectivo, una cámara o una computadora, perdemos el valor monetario de esos artículos.

Además del valor monetario, también perdemos el valor agregado a ciertas cosas de gran significado personal para nosotros o para nuestras familias, por ejemplo, una reliquia familiar, fotografías, un carro muy querido, una joya favorita o algo muy personal que podría tener poco o ningún valor monetario, aunque para nosotros es absolutamente valioso.

Tales pérdidas pueden ser una fuente muy poderosa de dolor personal; y si no perdonamos a los ofensores y oramos la oración más poderosa del mundo, siempre terminaremos con amargura, rabia y hasta miedo de que nos puedan volver a robar.

Cuando nos roban algo, es como si hubiera una hebra de soga invisible que nos ata al ladrón. La falta de perdón sostiene la hebra en su lugar. La falta de perdón es como un súper pegante espiritual, actúa instantáneamente y se pega para siempre.

Podríamos fácilmente quitar el efecto limitante de una de esas hebras; pero cuando hay muchos hilos, se unen para hacer una soga que nos limita porque puede influir, e incluso controlar, cada aspecto de la vida. Y cada vez que pensamos en la persona que nos ha hecho esto, reforzamos nuestros sentimientos de amargura y resentimiento a través de nuevas expresiones de falta de perdón, fortalecemos la soga y añadimos más súper pegante a la situación.

Este proceso también puede pasar por la línea generacional, de generación en generación, alimentando el rencor, el odio y la falta de perdón contra los culpables y sus descendientes. Por ejemplo, todavía hoy, hay muchos MacDonalds que sólo muy a regañadientes tendría algo que ver con un Campbell por lo que los Campbell les hicieron hace cientos de años en la terrible masacre de Glencoe, en Escocia en febrero de 1692.

Entre más sensación de seguridad nos den nuestras posesiones, más difícil será perdonar a aquellos que nos las han robado. Ahora, la realidad es que hay cosas mucho más importantes en la vida que nuestras posesiones, y necesitamos llegar al punto en nuestra relación con Dios en donde nuestra seguridad esté en él, y no en nuestras pertenencias.

¡ME HAN ROBADO!

Por más importante que nuestras posesiones sean para nosotros y por muy difícil que sea perdonar a los que las robaron, el efecto de la pérdida no es tan grande como la pérdida causada por un tipo completamente diferente de robo. La mayoría de las posesiones pueden ser reemplazadas, a menudo rápidamente, pero las cosas de las que estoy hablando ahora, nunca pueden ser reemplazadas; los efectos de su pérdida solo pueden ser sanados.

Me refiero a cosas como el carácter, la reputación, la identidad, la sexualidad, el tiempo, y aun la salud, los niños y la familia. Vamos a ver solo cuatro ejemplos, de las muchas maneras en que puedes ser robado de cosas importantes en tu vida: tu carácter, tu sexualidad, tu tiempo y tu salud.

Cuando nos han robado de estas cosas, el dolor es mucho mayor y tiene mayores consecuencias que la pérdida de cualquier objeto o posesión. ¡Sin embargo, el remedio es exactamente el mismo: la oración más poderosa del mundo!

LA REPUTACIÓN

Palabras crueles y falsas dichas por otros, acerca de nosotros, habitualmente pasan como chisme. Con el tiempo las historias pasan de boca en boca, algunas veces con adiciones de la gente de la cadena. Todo el mundo que ha escuchado y creído ha disminuido su opinión sobre nosotros. Algo de nuestra reputación ha sido robado.

Cuando la gente publica tales palabras en medios impresos o en Internet, el efecto es aún más grave, ya que quedan en formato permanente y pueden leerse todo el tiempo o mientras haya copias disponibles.

Hace muchos años, ciertas personas dijeron y escribieron palabras totalmente falsas acerca de mí y del ministerio en el que estoy involucrado. Todavía hoy, me encuentro con personas cuya primera reacción es no querer tener nada que ver con nosotros a causa de las falsedades que se gravaron en sus mentes.

Las leyes de la mayoría de los países tienen disposiciones para proteger el buen nombre de los individuos de tales calumnias y difamaciones. No sólo es un grave delito legal robar el buen nombre de una persona, sino que también es una ofensa muy seria ante Dios (véase Éxodo 20:16, Proverbios 19:5 y Mateo 15:19-20).

Aunque lo que esas personas hicieron está mal, no me da una

excusa para albergar amargura en mi propio corazón. Al hacerlo, sólo dificultaría que la gente descubriera la verdad y cambiara su opinión. Cada vez que me encuentro con alguien que ha sido afectado negativamente por las palabras que esas personas dijeron o escribieron, es una nueva oportunidad para perdonarlos y orar la oración más poderosa del mundo. En última instancia, la verdad será revelada y Dios será el vindicador de nuestra reputación.

Como Jesús sufrió de esta manera, no debemos sorprendernos de que nos pase a nosotros también. ¿Cómo puede ser que alguien que hizo tanto bien, sanó a tanta gente y enseñó tantas verdades maravillosas, pudiera ser víctima de tantas falsas acusaciones por medio de falsos testigos y de una multitud que clamaba a gritos por su sangre?

La gente robó su reputación. Le hicieron un terrible perjuicio. Finalmente, todo lo que Jesús dijo fue "Padre, perdónalos". Sólo podía haber orado esta oración a Dios, si en su propio corazón ya había una actitud perdonadora hacia ellos.

Jesús tuvo una maravillosa oportunidad para defender su reputación cuando Pilato, el gobernador romano, le pidió que explicara quién era. Pero Jesús escogió no responder a la pregunta y se quedó en silencio ante Pilato (véase Juan 19: 6-12).

Jesús pudo haber sido crucificado por la fuerza de las falsas acusaciones, no obstante, tres días después fue Dios mismo quien lo vindicó. ¡En la mañana de la resurrección se demostró que todo lo que habían dicho acerca de Jesús era falso!

La única manera de tratar con aquellos que han robado tu carácter y tu reputación es perdonarlos, seguir haciendo lo correcto, actuar con humildad e integridad, y confiar a Dios el resultado.

De esta manera, al perdonar a aquellos que hablan o escriben falsedades acerca de ti, el súper pegante espiritual de la falta de perdón nunca tendrá la oportunidad de unir las cuerdas de la amargura a tu corazón.

A veces hasta las opiniones de tus amigos pueden ser influenciadas por lo que otros dicen de ti. Eso duele, pero sufrirás aún más si decides no perdonarlos de corazón. Y esto puede inclusive afectar tu salud y tu capacidad para funcionar de la manera que Dios quiere.

LA SEXUALIDAD

El abuso se presenta en muchas formas: abuso físico y abuso psicológico, sin embargo, la forma que ha tomado proporciones epidémicas en el mundo de hoy es el abuso sexual.

El abuso sexual ocurre cuando un depredador sexual se aprovecha de otro ser humano para satisfacer sus deseos e impulsos sexuales pervertidos. Esta forma de abuso puede abarcar desde el voyerismo de un mirón, en un extremo de la escala, hasta el contacto sexual no deseado, la violencia sexual y la violación o el sexo ritual, en el otro extremo de la escala. Cuando todo ha terminado, el abusador pasa al siguiente reto sin pensar en el daño que ha hecho a la víctima.

Hombres y mujeres, niños y niñas, todos pueden ser abusados sexualmente. El abuso puede ser heterosexual u homosexual. Siempre que una persona es forzada contra su voluntad a algún tipo de actividad sexual, dicha persona es abusada.

La sexualidad es un regalo maravilloso de Dios. Él la creó para ser disfrutada y consumada dentro de los límites seguros de una relación íntima en el matrimonio. Cualquier cosa que prive a una persona de su libre albedrío en el área de la sexualidad es una forma grave de robo. Cuando una mujer es abusada o violada, se la priva de la alegría íntima de entregarse libremente a su marido, y solamente a su marido. Cada vez que el abuso sucede algo más de la persona es robado.

El plan de Dios para el matrimonio es que las dos personas en la relación puedan entregarse libremente el uno al otro. Una relación hermosa y piadosa se establece a través de este lazo, ordenado por Dios. Pero, cuando una persona se ve forzada a darse a sí misma sexualmente, el lazo entre ellos es muy pecaminoso.

Sólo Dios puede deshacer un lazo pecaminoso y descifrar el desorden. He visto sanidades extraordinarias en todas las culturas del mundo cuando la gente expresa y saca a la luz el dolor de tal abuso, perdona a los abusadores y ora la oración más poderosa del mundo.

El perdón es la llave milagrosa que permite a Dios deshacer los lazos de las relaciones abusivas y comenzar el proceso de sanidad y restauración. El pasado no se puede cambiar, no obstante, el futuro puede ser diferente a medida que Dios sana un corazón roto.

EL TIEMPO

Cada uno de nosotros sólo tiene una vida para vivir, y cada minuto disponible es un regalo de Dios. Cada minuto importa y todos nos sentimos muy disgustados cuando alguien nos roba el tiempo. Ahora, ¿cómo reaccionarías si alguien te pone en la cárcel injustamente, por un crimen que no cometiste, y luego te deja ahí por una generación?

Nelson Mandela pasó cerca de treinta años en prisión a manos de las autoridades blancas que gobernaban en la República de Sudáfrica. ¿Su crimen? Oponerse al régimen abusivo y cruel de la segregación racial que les robó a las comunidades negras su derecho a la tierra, a los recursos y a la dignidad como seres humanos.

A él le robaron una gran parte de su vida. A pocas personas les ha robado tanto tiempo y han mantenido un corazón tan perdonador como él lo tuvo con aquellos que lo habían encarcelado por presuntos delitos políticos. Finalmente fue liberado y reivindicado, convirtiéndose en el primer presidente democráticamente elegido de Sudáfrica.

En las últimas etapas de su vida se convirtió en un estadista de talla mundial, habiendo ganado mucha más reputación que la que pudo haber soñado durante sus años en prisión. ¿Cómo pasó esto? Hizo girar la llave maestra en la cerradura de la esclavitud personal y vivió las consecuencias de orar la oración más poderosa del mundo.

Las cadenas del odio fueron cortadas y él caminó libre de su prisión física en la isla de Robben. No sólo salió caminando libre de la isla de Robben, sino que también caminó libre de quedar atrapado en una isla de amargura por el resto de sus días.

LA SALUD

La salud y la fuerza son requisitos para el disfrute máximo de todo lo que la vida nos ofrece. Pero ¿cómo te las arreglarías si súbitamente quedas atrapado en un cuerpo dañado, como resultado de un terrible accidente, que no fue tu culpa? La sensación de pérdida y el dolor por la injusticia son sentimientos totalmente comprensibles y normales.

Mencioné brevemente a Lynda en el capítulo 1. Déjenme contarles más sobre su historia: A la edad de veintitrés años, Lynda estaba de excursión nocturna con otros jóvenes de su iglesia cuando cayó en un precipicio. Ella permaneció allí durante más de diez horas, con su espalda fracturada en cuatro lugares, antes de que fuera transportada en helicóptero.

Tres años después, discapacitada y pensionada de por vida, sufriendo de dolor constante y de fatiga crónica, no tenía esperanza de cumplir con ninguno de sus sueños. La carrera, el matrimonio y toda la diversión de la vida quedaron destruidos en el lugar donde ella cayó.

Nunca debió haberse caído de aquel acantilado. El líder de la caminata se había separado del grupo, dejándolos en un camino que conducía al borde de un precipicio. Aunque era de noche, el líder no les advirtió del peligro. Cuando Lynda trató de seguir a los que estaban delante de ella, se deslizó por el borde del acantilado y cayó en un espacio abierto.

Cuando comenzamos a orar por ella, hubo muchas cosas que Dios hizo para sanarla. Sin embargo, ninguna de ellas hubiera ocurrido si Lynda no hubiera utilizado primero la llave milagrosa. Ella puso la llave en la cerradura, perdonó al hombre que había sido el responsable de su desastre y abrió la puerta de su vida al poder de Dios.

Hoy está curada, ya no está registrada como una mujer discapacitada y está felizmente casada. Ella estuvo dispuesta a orar la oración más poderosa del mundo, y el poder de Dios para sanar fue liberado en su vida. Si Lynda hubiera permanecido amargada y con falta de perdón, seguiría siendo una mujer discapacitada y sin esperanza alguna de un futuro real.

Jim tenía cinco años y jugaba en la parte superior de un remolque cargado de heno. Su padre dijo: "Salta a mis brazos". Jim saltó, pero su padre se apartó cruelmente y lo dejó caer sobre el concreto. El pecho de Jim fue aplastado por la caída. Cuarenta y seis años más tarde seguía siendo un asmático. Nunca había podido respirar adecuadamente desde aquel terrible día en su primera infancia.

Cuando Jim perdonó a su papá, Dios abrió las puertas de la sanidad. Hoy, diez años más tarde, él está totalmente curado del asma que anteriormente paralizaba su respiración.

Cosas malas como éstas y accidentes suceden todos los días en alguna parte del mundo. Si te ha sucedido a ti y, como resultado, te han robado la salud y la fuerza, ¿alguna vez has pensado en perdonar a los responsables?

Los efectos en tu salud de las cosas malas que te han sucedido pueden ser devastadores. ¡No obstante, negarse a perdonar a las personas responsables sólo empeorará las cosas! Elige perdonarlos ahora, sin condición, y las cuerdas del dolor serán cortadas.

¡ES HORA DE ACTUAR!

Hay muchas otras maneras en que la gente te puede robar. Más adelante explicaré exactamente qué hacer para liberarse del dolor de que te hayan robado estas cosas. Ahora, en caso de que quieras empezar ya mismo a tratar con algunos de los ladrones, te recomiendo que pases unos minutos pensando en tu vida y pídele a Dios que te muestre todas las veces que te han robado. Entonces, para cada evento, pregúntate honestamente si hay personas asociadas que todavía necesitas perdonar. Escribe sus nombres en un papel. Al mirar la lista, recuerda que estos hechos son cosas del pasado y que la única persona que continuará sufriendo por ellos, si no decide perdonar eres tú.

A continuación, simplemente expresa en voz alta tu perdón para cada persona en la lista, uno por uno. Para algunas personas, es posible que también desees coger el teléfono y hablarles o escribirles una carta. Para otras personas, como un abusador sexual, esto sería muy inapropiado, ya que podría ser visto por el abusador como una nueva oportunidad para establecer una relación pecaminosa.

Sólo haz lo que creas necesario para limpiar la pizarra entre tú y ellos. Dios cortará esas cadenas y derretirá el pegante y comenzarás a caminar libremente. Después de haber expresado tu perdón, destruye el papel o quémalo; al hacerlo, ora la oración más poderosa del mundo desde el fondo de su corazón: "Padre, perdónalos". ¡Todo ha terminado!

7

¿Yo también?

La necesidad de perdonarnos a nosotros mismos

Al hablar de los errores del pasado, y todos hemos cometido muchos, las personas comienzan su historia con las palabras: "Nunca me perdonaré a mí mismo..." A menudo, incluso han enfrentado lo que otros les han hecho, han tomado buenas decisiones al perdonarlos, han hecho el proceso y han enfrentado sus emociones sobre lo que sucedió.

Pero aún queda un enorme obstáculo para su sanidad: ¡ellos mismos! Se las arreglan para perdonar a todo el mundo, sin embargo, de alguna manera la culpa y la carga de sus propios errores parecen tan grandes que perdonarse a sí mismos se ha convertido en algo imposible.

A veces, cuando se cometen errores terribles, a menudo con consecuencias muy dolorosas, la sensación de pérdida puede ser enorme. El error puede haber sido un terrible accidente, causando incluso, por ejemplo, la muerte de un niño. Puede haber sido una relación que nunca se debió continuar. Un asunto financiero que salió mal y se perdió mucho dinero o cualquiera de miles de errores personales que podríamos haber cometido con consecuencias de por vida.

¡TÚ DECIDES!

Es cierto que el pasado no se puede cambiar. También es cierto que la forma en que manejes el futuro está en tus manos. Incluso es posible aprender lecciones vitales de los errores del pasado, lecciones que pueden ser una gran bendición para ti en el futuro.

Jesús murió para que nosotros podamos ser perdonados. Así que, si te aferras a la culpa personal y te niegas a perdonarte a ti mismo, es como si estuvieras diciendo que lo que Jesús hizo por ti, no es suficiente.

Por ejemplo, si cuando eras un niño, deseabas recibir dulces de tu papá, pero tu puño estaba fuertemente cerrado, no podías recibir nada. Entonces, al no tener la mano abierta, te privabas de las golosinas.

A menudo, las personas que se rehúsan a perdonarse a sí mismas anhelan que Dios las sane de todo lo que les ha sucedido en el pasado, aunque van a Dios con sus puños espirituales firmemente cerrados. Por su propia elección pierden muchas bendiciones que Dios desea darles.

¡QUÉ AMOR TAN ASOMBROSO!

Cuando te niegas a perdonarte a ti mismo estás eligiendo castigarte por lo que ha pasado. En realidad, no crees que mereces ser perdonado, por lo que te mantienes en condenación personal. Decides privarte de la vida, porque crees que eso es lo que mereces. Mas Dios no lo ve así.

Pedro, el discípulo de Jesús, siguió este camino. Tres veces le dijo a la gente que no tenía nada que ver con Jesús por temor a lo que pudiera sucederle (véase Juan 18). En realidad, traicionó a Jesús diciendo mentiras, si bien en su corazón lo amaba tanto que no podía soportar la idea de no estar cerca de él cuando estaba sufriendo.

Simón tuvo que haberse llenado de remordimiento por haber hecho algo tan terrible. Como respuesta hizo lo que muchos de nosotros hubiéramos hecho, se retiró a un lugar seguro donde podía auto compadecerse. Simón se fue a su barco, a pescar en el Mar de Galilea (véase Juan 21).

Si bien Jesús sabía lo que estaba pasando con Simón Pedro. Así que después de la resurrección, Jesús lo buscó y tres veces le hizo la misma pregunta, muy simple y profunda: "¿Me amas?" Por cada vez que Simón Pedro había traicionado a Jesús, Simón tuvo la oportunidad de decirle a Jesús que lo amaba.

Para Simón éste fue probablemente el momento de sanidad más importante de su vida. Si Jesús no lo hubiera buscado, Simón Pedro probablemente habría pasado el resto de sus días remando alrededor del Mar de Galilea, revolcándose en autocompasión y preguntándose qué hubiera podido pasar.

Al igual que Simón Pedro, todos podemos cometer errores. En esta situación la pregunta más importante para Jesús no fue "¿Qué hiciste?", sino "¿Me amas?" Cuando estamos dispuestos a recibir su amor por nosotros y expresar nuestro amor en respuesta, el poder sanador de Dios va directamente al corazón. Dios comienza a sanarnos de adentro hacia afuera. El amor derrite el dolor.

¡TODO ENVUELTO!

Si perdonaste a otras personas, has sido liberado del control que tenían de tu vida por el daño que te causaron. Pero cuando rechazas el amor de Dios por ti, todavía estás en esclavitud. Has sustituido la esclavitud del control que otros tenían por una esclavitud autoimpuesta y te has envuelto a ti mismo en tanta autocondenación que eres incapaz de funcionar correctamente o relacionarte normalmente con los demás.

Hay un servicio especial disponible en algunos aeropuertos para aquellos que están preocupados de que su maleta no termine el viaje en una sola pieza. Por una pequeña tarifa puede tener su equipaje completamente plastificado en capas y capas de polietileno bien envuelto. Cuando el proceso ha terminado, la maleta se ve como un cadáver envuelto en mortajas de plástico. ¡No hay manera de que algo entre o salga!

Un día, mientras observaba estas maletas plastificadas que daban vueltas y vueltas en la banda de equipaje del aeropuerto Heathrow de Londres, se me pasó por la mente que así debía ser la gente que se niega a perdonarse. ¡Es como si estuvieran envueltos en plástico espiritual, y nada puede entrar o salir!

Vivir en la falta de perdón hacia ti mismo no cambiará tu pasado ni mejorará tu futuro. Sólo limitará tu potencial para cumplir lo mejor que Dios todavía tiene guardado para ti.

Sí, tenemos que lidiar con las consecuencias de los errores personales y del pecado. Las relaciones con Dios y con los seres humanos necesitan ser restauradas a través de la confesión y del arrepentimiento. Es posible que también tengamos que hacer restitución. Sin embargo, una vez que estas cosas han sucedido debemos aprender a caminar sin mirar atrás y no volver a revolcarnos en el lodo de nuestros propios errores.

Los hipopótamos pueden sumergirse en el barro por días enteros. A ellos les encanta; es parte de su entorno natural. Las personas son capaces de sumergirse en el barro personal para toda la vida. ¡Dios nunca quiso que la gente viviera como los hipopótamos! ¡El lodo no es nuestro ambiente espiritual natural! Debemos dejarlo atrás y disfrutar de vivir en la libertad que sólo podemos tener viviendo como Dios quiere.

Necesitamos perdonarnos a nosotros mismos y orar la oración más poderosa del mundo para nosotros, no sólo para otras personas.

8

¿Con qué frecuencia, Señor?

La lección más importante de Pedro

Pedro tenía un problema. Él sabía lo que Jesús había enseñado acerca del perdón, pero, como cualquier otro ser humano, en su corazón estaba luchando y buscando un poco de sentido común para aferrarse a su falta de perdón. Tal vez había alguna persona en particular con la que Pedro realmente luchaba, y estaba buscando una excusa para sostenerse en la falta de perdón por un poco más de tiempo.

Seguramente, debe haber un límite, debió haber pensado Pedro. *Realmente, Jesús no espera que siga perdonando para siempre, ¿verdad? Especialmente cuando me siguen haciendo lo mismo una y otra vez.*

Por lo tanto, el siempre generoso Simón, llegó a su propia solución del problema y le propuso a Jesús su idea esperando resolver el asunto de una vez por todas. ¡Deseaba obtener una respuesta de Jesús en cuanto a cuál era el límite! "¿Qué tal siete veces, Señor?, seguro que, ¿nadie merece ser perdonado más que eso?".

SIN LÍMITES

Me habría encantado ver la dulce sonrisa de Jesús. Es probable que ni Pedro ni ninguno de los discípulos estuvieran preparados para su respuesta tan desafiante: "No te digo hasta siete veces, sino hasta setenta veces siete." (Mateo 18:22 LBA).

Si eres rápido en aritmética, te habrás dado cuenta de que 490 es considerablemente un número mayor que el 7 de Simón. La realidad es que Jesús no estaba proponiéndole a Simón, o a cualquier otra persona, que llevara la cuenta del número de veces que ha perdonado y luego cuando se estuviera atragantando para llegar a 490 en el registro, quedaría libre de hacer lo que quisiera.

"Setenta veces siete", es una frase coloquial judía, que en realidad significa un número tan grande que ni siquiera vale la pena empezar a contar. Por lo tanto, en su respuesta a la pregunta de Simón, ¡Jesús no puso límite en el número de veces que Simón tenía que estar dispuesto a perdonar!

La sorprendente verdad es que si hay un límite en el número de veces que estamos dispuestos a perdonar a otros, entonces también habrá un límite en el número de veces que Dios pueda perdonarnos. ¡Estas son consecuencias que nunca ninguno de nosotros desearía contemplar!

Recuerda lo que Jesús dijo en la oración del Padre Nuestro: " y perdónanos nuestros pecados, así como hemos perdonado a los que pecan contra nosotros." (Mateo 6:12 NTV). En esta extraordinaria oración, Jesús primero introdujo la idea de que lo que Dios nos perdona, está relacionado con nuestra decisión de perdonar a otros.

Puesto que ninguno de nosotros quisiera que Dios tenga un límite en su deseo de perdonarnos, tampoco puede haber un límite en el número de veces que nosotros estemos dispuestos a perdonar a los demás, ¡no importa lo que hayan hecho!

Esto es más fácil de aceptar y de entender, si recordamos que el perdón no tiene nada que ver con el hecho de si alguien lo merece. Es un acto de amor y no de justicia.

CONFIANZA QUEBRANTADA

El perdón tampoco tiene ninguna relación con la confianza futura. Una persona que hayas perdonado puede seguir siendo alguien en quien no puedas confiar.

Lamentablemente, muchas personas han cometido el error de pensar que no sólo tienen que perdonar, sino que su perdón también requiere que sigan confiando en esa persona, como si nada hubiera pasado. Este no es el caso y, en algunas ocasiones, puede ser muy peligroso.

Conocí la historia de un hombre que había sido descubierto abusando sexualmente de los hijos de un amigo, a quienes cuidaba. Parecía profundamente arrepentido cuando lo descubrieron, lleno de remordimiento y de angustia por lo que había hecho. Inicialmente fue suspendido de su trabajo en la iglesia, aunque luego fue perdonado por los líderes de la iglesia y por los padres del niño.

Así que, como parte del proceso de perdón, se le devolvió su trabajo como maestro en la Escuela Dominical. No pasó mucho tiempo, antes de que se descubriera que estaba abusando de más niños. Ponerlo de nuevo en su antiguo trabajo, enfrentando tanta tentación, fue un terrible error. No debieron haber confiado en él de esa manera.

Cuando una persona peca contra otro ser humano, también rompe la confianza que existía tanto con el hombre como con Dios. El ofrecer perdón no siempre significa que la confianza ha sido restaurada. En la mayoría de los casos la confianza tiene que ser ganada de vuelta.

Y en una situación como ésta, nunca sería prudente poner a esa persona de vuelta en una posición donde una debilidad obvia podría conducir a más abusos.

EL PERDÓN COMPLETO

Cuando lees el relato de la pregunta de Simón y la respuesta de Jesús, generalmente se presume que la necesidad de perdonar una y otra vez es porque alguien sigue haciendo lo mismo. Aunque, en mi experiencia, hay otra situación que se encuentra con mucha frecuencia y que requiere perdonar en repetidas ocasiones.

Cuando una persona ha sido gravemente traumatizada por eventos en su vida y como consecuencia el daño ha sido muy grande, puede haber muchos niveles de dolor encerrados en su memoria.

La primera vez que una persona perdona es un acto de su voluntad, lo cual es contrario a la realidad de los sentimientos profundamente enterrados en él o ella. Pero después los sentimientos empiezan a aparecer como olas en la orilla del mar, aparentemente sin fin.

En casos como este, cada vez que un recuerdo sale a la superficie es otra oportunidad para perdonar. Poco a poco las olas disminuyen, sin embargo, es posible que se necesite perdonar mucho más de 490 veces antes de que la última ola de dolor se disipe y el perdón esté completo.

LIBERTAD COMPLETA

¿Con qué frecuencia tengo que perdonar, Señor? La verdadera respuesta es hasta que ya no tengas necesidad de hacerlo porque todo el dolor ha sido tratado. En ese momento, con la ayuda de Dios, tendrás una gran victoria en tu vida.

Las cadenas de la esclavitud del pasado ya no podrán mantenerte atado. Estarás libre, una vez más, para convertirte en la persona que

Dios quiso que fueras. Por el resto de tu vida serás capaz de cumplir el destino que Dios ha reservado para ti.

Jesús estaba claramente preocupado por el efecto que la falta de perdón tendría en sus discípulos, eso nos incluye a ti y a mí. Si hubiera puesto un límite en el número de veces que tenemos que perdonar, también habría puesto un límite en la cantidad de libertad que experimentamos al perdonar a otros.

Considera la experiencia de Pauline con el perdón: Tuvo que perdonar muchas veces antes que pudiera ser libre del abuso sexual que sufrió cuando niña. Demasiado asustada para dormir en una cama, por la noche, a causa de lo que pudiera sucederle, Pauline había dormido, veinte años, en el suelo bajo la cama. Ahí se sentía segura.

Valientemente, Pauline dio un enorme paso de fe cuando hizo ese primer movimiento vacilante hacia el perdón de los responsables. Fue un paso que le salvó la vida. A medida que los recuerdos salían a relucir, tenía que perdonar una y otra vez, y cada vez que lo hacía era como si Dios le quitara otra capa de mortajas de su personalidad.

Pauline está viva hoy, únicamente porque aprendió la lección de Simón Pedro: ¡No puede haber límite para el perdón! Ella, con toda sinceridad, oró la oración más poderosa del mundo: "Padre, perdónalos". Esa fue la llave milagrosa que había estado buscando, no sólo para superar toda la ira que había en su interior por lo que le habían hecho, sino también para conocer el amor de Jesús de una manera realmente extraordinaria.

Pocas personas han sufrido cosas tan horribles como lo que Pauline sufrió. Hoy puedes saber con certeza que lo que Dios hizo por Pauline, también lo puede hacer por ti.

9

¿Y qué de Dios?

La necesidad de pedirle a Dios que nos perdone por haberlo culpado

Deborah hizo una mueca de dolor al golpear el relleno de un cojín con el puño. "¡Si Dios realmente es Dios, él pudo haber detenido todas las cosas malas que me han sucedido!" Su ira salía a la superficie, y Dios era el blanco, mientras expresaba con fuerza, sus sentimientos a sus consejeros.

Deborah estaba haciendo una pregunta muy válida. Si Dios es tan amoroso y todopoderoso como los cristianos dicen que es, entonces ¿por qué se sienta en el cielo, viendo todo tipo de cosas terribles que suceden en la Tierra, y no hace nada? No tiene sentido. "No estoy segura de querer conocer a un Dios así" admitió Deborah.

No había nada malo en su lógica, y sus sentimientos eran totalmente comprensibles. Pero le faltaban algunos hechos en el argumento, lo que había provocado una distorsión importante en su pensamiento y comprensión.

EL LIBRE ALBEDRÍO

El primer hecho que Deborah no entendió es que fuimos hechos a imagen y semejanza de Dios. Entre otras cosas importantes, esto significa que nosotros, como Dios, tenemos libre albedrío. Fuimos creados con la capacidad de tomar nuestras propias decisiones.

Si no tuviéramos la capacidad de ejercer el libre albedrío, entonces no tendríamos capacidad para elegir nuestras relaciones. Sin el libre albedrío, nuestras vidas se reducirían al nivel de robots. La alegría de elegir es clave para el disfrute y el placer personal.

Cada ser humano es único. Disfrutamos de cosas diferentes. Algunas personas prefieren pizza, en vez de hamburguesas. Otras aman el pollo. Para las vacaciones a algunas personas les gusta estar junto al mar, otras prefieren las montañas. A algunos les encanta hablar sobre política, mientras que otros prefieren practicar deporte. La variedad y la elección son centrales para nuestra forma de vida.

No importa cuáles sean nuestras preferencias, tenemos la libertad de elegir lo que nos gusta. Si quitamos el libre albedrío, la vida tal como la conocemos dejaría de existir. Pero tener libre albedrío, sin reconocer que necesitamos límites seguros, puede ser muy peligroso.

LÍMITES SEGUROS

En primer lugar, salir de los límites seguros establecidos por Dios, ejerciendo el libre albedrío, fue lo que metió a la humanidad en un problema. Elegimos cuestionar lo que Dios había dicho y rebelarnos contra él, que nos hizo. ¡El resto, como dicen, es historia!

En general, este hecho se conoce como la Caída, en el cual, voluntariamente nos pusimos bajo una autoridad pecaminosa. Desde entonces, esa autoridad pecaminosa ha hecho todo lo posible por destruir la relación de Dios con la humanidad, animando a una generación tras otra, a prescindir del orden divino y a ir más allá de los límites de Dios.

Esto también ha sucedido en nuestra propia generación. Por ejemplo, los estándares bíblicos de la moralidad, que fueron la columna vertebral de la ley y el orden, en la mayoría de las naciones occidentales durante cientos de años, han sido prácticamente barridas por completo, por una marea creciente de inmoralidad, amoralidad y promiscuidad sexual.

Cuando los niños pequeños salen de la seguridad de los límites que sus padres proporcionan, rápidamente se ponen en peligro. Por esta razón, los padres proveen la seguridad de un corral para sus niños de dos años. Y si la gente pudiera ir a dónde quisiera y cómo quisiera en las carreteras, habría innumerables accidentes, por lo que nuestras autoridades establecen reglas y límites para el tráfico, para que la gente pueda conducir de forma segura, sin el riesgo de estrellarse de frente.

Cada año, en Canadá, la gente sale a los lagos congelados para divertirse y algunos pierden sus vidas en el proceso. Un lago congelado es un maravilloso sitio para vivir la emoción de viajar a alta velocidad en una moto de nieve, siempre y cuando la gente permanezca dentro de las áreas donde se sabe que el hielo es lo suficientemente grueso, por seguridad.

Pero cada año hay personas que piensan que saben mejor que las autoridades y van más allá de los límites recomendados. Por lo tanto, cada año hay familias que lloran la pérdida de imprudentes seres queridos, que pensaban que sabían mejor y fueron más allá de los límites.

Esto se parece un poco a lo que pasa con los límites de Dios. La rebeldía y la independencia dentro de nosotros nos hacen querer vivir más allá de la seguridad de las reglas y límites dados por un Dios, que nos ama y que quiere cuidarnos.

La gente no ha comprendido que los diez mandamientos, por

ejemplo, no fueron dados por Dios para impedir que se diviertan, sino para proporcionar límites seguros dentro de los cuales pueden ejercer el libre albedrío sin ponerse en peligro.

EL MAL Y EL MALIGNO

Cuando se va más allá de los límites, la Biblia lo llama traspasar o pecar. La consecuencia de usar nuestro libre albedrío para tomar decisiones pecaminosas es que se le da más oportunidad al mal de aumentar su influencia en nuestras vidas.

En la oración del Padre Nuestro, Jesús nos anima a orar: "líbranos del mal" o, más exactamente, "líbranos del maligno" (Mateo 6:13). Hay un "dios de este mundo" que es malo (2 Corintios 4: 4), que se opone a todo lo bueno que Dios preparó para sus hijos.

Cuando oramos esta parte del Padre Nuestro, estamos pidiendo a Dios que nos ayude a tomar decisiones correctas para que podamos estar seguros dentro de sus límites. También estamos orando que nos proteja del maligno, que desde el principio ha usado su libre albedrío en los reinos espirituales para tentar al hombre a hacer lo malo y a oponerse al Dios vivo. La Biblia lo llama Satanás (véase Mateo 4:10).

NUESTRO DIOS ES INOCENTE

La realidad es que todas las cosas malas que suceden en este mundo no son culpa de Dios. Son las consecuencias de la influencia del maligno y de las decisiones equivocadas que la gente toma como resultado de su influencia. No debemos culpar a Dios de las cosas que no son su responsabilidad.

Si Dios usara todo su poder y su autoridad para poner fin a todo lo que no le gusta, entonces tendría que quitar nuestro libre albedrío y poner fin a la mayoría de las cosas que están sucediendo en el mundo. Ya no seríamos seres humanos capaces de relacionarnos libremente entre nosotros y tampoco podríamos decidir tener una relación con Dios y disfrutarla.

La Biblia nos dice que el Padre Dios nos amó tanto que voluntariamente, envió a su Hijo, Jesús, para mostrarnos cuánto nos ama y cuánto quiere tener una relación restaurada con nosotros, sus hijos (véase Juan 3: 16-17).

Vivimos en un mundo caído y malo. Sólo tenemos que leer un periódico o escuchar un boletín de noticias para darnos cuenta de lo que la humanidad ha hecho con el mundo que Dios creó.

En vez de culpar a Dios por lo que la humanidad y el maligno han hecho, un paso importante que debes dar para la sanidad de la maldición de la amargura, que viene como un efecto secundario de la falta de perdón, es decirle a Dios que nos perdone por haberlo culpado por cosas que no son su responsabilidad.

Decirle a Dios que nos perdone y que lo sentimos mucho, es otra clave vital para la sanidad. Úsala y eliminarás un obstáculo importante que está impidiendo que puedas perdonar a otros y orar la oración más poderosa del mundo.

10

Los siete pasos hacia la libertad

Instrucciones para utilizar la llave maestra de Dios

¡Tu futuro está en tus manos y en las de Dios! No importa cuán desordenada haya sido la primera parte de tu vida, tú y Dios, juntos, pueden cambiar tu destino para que en la segunda parte de tu vida seas libre para convertirte en la persona que él quiso que fueras y conocer la bendición de Dios en una nueva manera. ¡El resto de tu vida comienza hoy!

El rey David escribió acerca de las maravillosas bendiciones que Dios promete a los que entienden los límites que él ha establecido y que con mucho gusto eligen caminar dentro de ellos. Esto es lo que David escribió:

La ley del Señor es perfecta: *infunde nuevo aliento.*

El mandato del Señor es digno de confianza: *da sabiduría al sencillo.*

Los preceptos del Señor son rectos: *traen alegría al corazón.*

El mandamiento del Señor es claro: *da luz a los ojos.*

El temor del Señor es puro: *permanece para siempre.*
Las sentencias del Señor son verdaderas: *todas ellas son justas.*
Son *más deseables que el oro*, más que mucho oro refinado;
son *más dulces que la miel*, la miel que destila del panal.
Por ellas queda advertido tu siervo; *quien las obedece recibe una gran recompensa.*

(Salmo 19: 7-11, la letra cursiva es añadida)

En su palabra, Dios ha dado guías maravillosas para vivir. También nos ha mostrado dónde están los peligros. En este asombroso salmo, Dios promete que si tú eliges vivir dentro de los límites que él ha establecido (la ley del Señor), revivirá tu alma, te dará sabiduría, dará gozo a tu corazón, pondrá luz en tus ojos, te advertirá del peligro y te permitirá disfrutar de su recompensa. *¡Qué maravillosas promesas!*

Cuando miro a los ojos de las personas heridas que vienen a pedirme ayuda, con mucha frecuencia veo lo opuesto de todas esas maravillosas bendiciones que Dios promete a aquellos que le siguen. Puedo ver sufrimiento, decepción, dolor, ira, resentimiento, amargura y muchas otras respuestas negativas a las experiencias de la vida.

Una de las leyes más importantes que Dios nos ha mostrado en su palabra es la ley de la siembra y la cosecha. Pablo nos dice que no podemos ignorar el consejo de Dios y esperar que no haya consecuencias. En una de sus cartas Pablo lo expresó así: "No se engañen: de Dios nadie se burla. Cada uno cosecha lo que siembra." (Gálatas 6: 7).

Esto significa que cualquier tipo de semilla que sembramos en nuestra vida, eventualmente producirá una cosecha de acuerdo con la naturaleza de la semilla. En el contexto de este libro, por lo tanto, significa que, si sembramos la falta de perdón, cosecharemos amargura. Y si seguimos sembrando la misma semilla a lo largo de nuestras vidas, la amargura dará lugar a muchas consecuencias dañinas en nuestra propia vida y en las vidas de aquellos con los que nos relacionamos. Estas consecuencias podrían incluir síntomas físicos y enfermedades.

"Entonces, ¿qué debo hacer?", te escucho preguntar, "¿si no quiero que crezca este tipo de cosecha en mi vida?"

Si ya has reconocido tu propia necesidad de perdón y has decidido creer en Jesús y confiarle tu vida, ya has dado un gran paso hacia delante. Ya estás en un nuevo lugar en Dios, desde el cual puedes dar otro gran paso, comenzar a conocer la sanidad de Dios y cosechar los beneficios de aprender a orar la oración más poderosa del mundo.

Ahora es el momento de practicar y entender los pasos que necesitas dar para aplicar esta maravillosa enseñanza de la Escritura en tu propia vida.

PASO 1 - TOMAR LA DECISIÓN

Ya hemos entendido que Dios ha dado a cada uno de nosotros el libre albedrío, la capacidad de tomar decisiones.

Así que el primer paso que necesitas dar es mirar atrás, en cada situación difícil que hayas vivido y decidir perdonar, sin condición, a todos los que estuvieron involucrados. Esta es una decisión tuya y sólo tuya. ¡Nadie lo puede hacer por ti!

Me pidieron que orara por una mujer llamada Jane. Veinticuatro años antes, Jane estaba montada en la parte trasera de una motonieve de dos puestos, en el lago Ontario congelado. Paul, el conductor, perdió el control y la máquina dio muchas vueltas sobre el hielo. Jane fue arrojada como una muñeca de trapo, su cuerpo voló encima del hielo, y su cabeza se golpeó varias veces contra la helada superficie dura como el hierro.

Desde entonces, Jane sufría de grandes problemas físicos que afectaron su columna vertebral, sus articulaciones y sus hombros.

Ella estuvo por años en tratamiento médico y quiropráctico sin ningún beneficio o alivio permanente.

Cuando comenzamos a orar por sus problemas físicos, el Espíritu Santo me sugirió preguntarle: "¿Has perdonado a Paul?" Era obvio, por la expresión de su rostro, que no había perdonado al hombre que le había causado veinticuatro años de dolor.

Era claro que Jane tenía trabajo que hacer con Dios, así que le dije que no podía orar hasta que ella hubiera superado este importante obstáculo. Pasó algún tiempo antes de que ella pudiera tomar la decisión de perdonar a Paul y soltarlo en la libertad de su perdón. Tenía que ser su elección. En ese momento, ninguna oración por su condición la habría ayudado. Si yo hubiera comenzado a orar por sus problemas físicos mientras que su falta de perdón funcionaba como una barrera en contra del amor y del poder de Dios, nada hubiera pasado, y ella hubiera podido pensar que Dios no la amaba, que Dios no quería sanarla o que Dios no podía sanarla de su condición.

Después de que Jane perdonó, pude orar por ella, el poder de Dios para sanar era evidente, y veinticuatro años de dolor y de lesiones en su columna vertebral fueron eliminados en cuestión de minutos.

Al día siguiente estaba radiante, había salido a correr temprano por la mañana y había hecho ejercicios que antes eran imposibles para ella. ¡Era una persona totalmente diferente!

La sanidad física de Jane dependía de si estaba o no dispuesta a perdonar. ¡Hasta que ella tomara la decisión, Dios no podía hacer nada!

Ahora es tu turno. Piénsalo. ¿Estás dispuesto a tomar la misma decisión de Jane, sin importar el costo o las consecuencias, y decidir perdonar a cada persona que alguna vez te ha herido, ha robado algo de tu vida, te ha abusado, te ha traicionado, ha hablado mal de ti o te ha lastimado de cualquier otra manera?

Tomar esta decisión es el primer paso para poder orar la oración más poderosa del mundo y empezar a recoger una nueva cosecha de bendiciones en tu vida.

PASO 2 – HAZ UNA LISTA

Si has decidido perdonar, es hora de sacar un papel y hacer una lista. Antes de empezar la lista, haz una breve oración. Puedes usar tus propias palabras diciendo algo como esto:

Gracias, Jesús, por enseñarme la importancia de perdonar a otros. Por favor, ayúdame a recordar a todas las personas que me han herido para perdonarlas de corazón.

Oraciones como ésta no tienen que ser largas o terriblemente formales, Dios se interesa en ti como persona y en las decisiones de tu corazón, no en si eres bueno, o no, con las palabras.

Una forma de hacer tu lista es pensar en la trayectoria de tu vida. Puedes comenzar desde el principio y avanzar hasta el presente o puedes comenzar desde ahora e ir hacia atrás, no importa la forma cómo lo hagas.

Sin importar tu elección, los nombres que deben ir al principio de la lista son los de tus padres, incluso si crees que eran perfectos. En realidad, nunca han existido padres perfectos, y también te han transmitido los problemas causados por sus padres y abuelos. (Es posible que tú también tengas que arrepentirte de cualquier reacción pecaminosa que hayas tenido, como consecuencia de lo que tus padres hicieron, ¡siempre hay dos lados en una relación!)

Debes ser cuidadoso y sistemático, y dale a Dios la oportunidad de recordarte las personas que pudiste haber olvidado. Cada vez que pienses en alguien que necesitas perdonar, escribe su nombre. También es muy útil escribir la razón particular, por la cual necesitas perdonarla. Pídele a Dios que te recuerde cosas que ocurrieron en tu familia, con tus amigos y con cualquier otro grupo de personas con las que has compartido a lo largo de los años. Piensa en cada año de tu vida y en cualquier lugar que hayas estado: escuela, trabajo, iglesia, eventos deportivos, vacaciones, etc. No te apresures, date tiempo y espacio.

No te olvides de poner tu propio nombre en la lista, si luchas con las consecuencias de tus propios errores, que te han llevado a maldecirte a ti mismo y a decir "¡nunca me perdonaré!"

Algunos nombres te causarán más dolor que otros, e incluso el solo hecho de escribirlos te puede resultar difícil. En el fondo, puedes estar pensando que no quieres perdonarlos o que no merecen ser perdonados.

Si tienes dificultades como ésta, revisa el capítulo de este libro que trata con tu problema particular, léelo de nuevo y determina seguir adelante. Recuerda, tú has tomado la decisión de perdonar, así que pídele a Dios que te ayude a escribir los nombres.

PASO 3 – EMPIEZA A PERDONAR

Ahora es tiempo de otra pequeña oración. Ora algo como esto:

Señor Jesús, gracias por morir en la cruz por mí para que yo sea perdonado. Me arrepiento de mis propios pecados, y te pido que seas mi salvador y el Señor de mi vida. Por favor perdóname por las cosas que he hecho mal. Por favor, ayúdame a perdonar de corazón a todas las personas de mi lista.

Luego, regresa a tu lista, ora cuidadosamente por cada nombre. Recuerda por un momento lo que te hizo esa persona y ora algo como esto:

Tomo la decisión de perdonar a [menciona el nombre de la persona que estás perdonando] *por* [da una breve descripción de lo que te hizo]. *Yo libero a* [menciona el nombre de la persona] *a la libertad de mi perdón. No guardaré estas cosas contra* [menciona el nombre de la persona].

Al orar a través de tu lista de todo corazón, te vas a dar cuenta que Dios poco a poco te cambia de adentro hacia afuera. Dejarás atrás todas las cosas malas que te producían resentimiento y amargura y comenzarás a emerger como una mariposa al inicio de una nueva era.

PASO 4 – PÍDELE A DIOS QUE TE LIBERE

Puedes hacer esto después de cada oración de perdón o puedes hacerlo al final cuando hayas perdonado a todos los que necesitabas perdonar. Independientemente de lo que elijas, puedes orar algo como esto:

> *Gracias Señor, por ayudarme a perdonar a* [menciona el nombre de la persona que estás perdonando]. *Ahora te pido que me liberes de toda influencia pecaminosa que* [menciona el nombre de la persona] *ha traído a mi vida y que cortes las cuerdas que me han mantenido atado al dolor del pasado.*

PASO 5 – PÍDELE PERDÓN A DIOS POR HABERLO CULPADO

Si en varias ocasiones de tu vida has culpado a Dios por cosas que, ahora sabes, que no eran su responsabilidad, quiere decir que te arrepientes y debes pedirle que te perdone, antes de seguir adelante. Puedes decir palabras como estas:

> *Me arrepiento Señor, por culparte por las cosas malas que me han pasado. Yo sé que tú no querías que esas cosas me sucedieran. Por favor perdóname.*

PASO 6 – ORA LA ORACIÓN MÁS PODEROSA DEL MUNDO

¡Orar la oración más poderosa del mundo es de lo que se trata este libro! Hemos tenido que hacer un viaje a través de tu vida para llegar a este punto. Cuando Jesús oró: "Padre, perdónalos, porque no saben lo que hacen", él no había pecado, no tenía falta de perdón, ni resentimiento, ni amargura, ni ira en su corazón. Así que él no tuvo que hacer lo que tú acabas de hacer.

Jesús era libre para orar esta increíble oración con un corazón puro en medio de su propio dolor. Me pregunto ¿qué pensamientos tenían los soldados romanos cuando lo clavaron en la cruz y escucharon su oración?

Anteriormente en este libro dije que el perdón es un acto de amor y no de justicia. El corazón de Jesús hacia sus acusadores y asesinos era un corazón de amor. Por encima de todo, quería que todos los hombres y las mujeres pudieran conocer a Dios y experimentar el perdón por sí mismos.

Los discípulos de Jesús debieron haberse preguntado lo que él realmente quiso decir cuando les enseñó: "Amen a sus enemigos, hagan bien a quienes los odian, bendigan a quienes los maldicen, oren por quienes los maltratan" (Lucas 6: 27-28). Ahora lo sabían. Allí estaba Jesús poniendo en práctica su propia enseñanza mientras oraba: "Padre, perdónalos".

Jesús murió con estas palabras en sus labios y en su corazón. No había dado motivo a sus acusadores, y como resultado, ni el maligno ni ninguno de los poderes de las tinieblas podían tocarlo. *¡Esta fue la oración más poderosa sobre la faz de la Tierra porque lo llevó a la mañana de la resurrección!*

La etapa final es ofrecer perdón para otros, por lo tanto, significa orar como Jesús, para que aquellos que te han herido sean perdonados por todo lo que te hicieron. Por supuesto, no puedes orar esta oración con un corazón honesto, sin que antes hayas perdonado a la gente por lo que te han hecho. Cuando perdonas, Dios liberará sanidad en las consecuencias de tu pasado y hará milagros que transformarán cada área de tu vida.

Ir un paso más allá y orar como Jesús hizo es tomar la decisión de bendecir desinteresadamente la vida de los demás, ¡sí, incluso de aquellos que te han herido! Al hacer esto, estás siguiendo el ejemplo de Jesús y ayudando a otros a tener la oportunidad de conocerlo por sí mismos y responder a su amor. Esta es la mayor bendición que podemos otorgar a otros.

Aquellas personas que has perdonado tienen libre albedrío en cuanto a cómo responderán a lo que Dios haga en sus vidas, como resultado de tu oración. No eres responsable de sus decisiones.

Corrie ten Boom se hizo famosa por su trabajo y el de su familia. Rescataron a más de 800 judíos que fueron perseguidos por los nazis durante la Segunda Guerra Mundial. Cuatro miembros de su familia dieron sus vidas por esta causa.

La hermana de Corrie, Betsy, murió justo antes del final de la guerra en el campo de la muerte de Ravensbruck, pero Corrie sobrevivió. Cuando Corrie regresó a casa, se dio cuenta de que su vida era un regalo de Dios y que ella necesitaba compartir, no cuán terribles habían sido sus acusadores, sino lo que ella y Betsy habían aprendido en Ravensbruck: "No hay un pozo tan profundo que el amor de Dios no sea aún más profundo", y "Dios nos dará el amor para poder perdonar a nuestros enemigos"[1].

Corrie había aprendido a usar la llave milagrosa de Dios en uno de los sitios más oscuros. ¡Y así, a la edad de 53 años, entró en una etapa de grandes bendiciones al comenzar un ministerio mundial que la llevó a más de 60 países en los siguientes 32 años![2].

No había nada en el pasado de Corrie que pudiera mantenerla en cadenas de esclavitud, ¡la llave milagrosa de Dios la había liberado!

La familia de Stephen Oake también aprendió a orar la oración más poderosa del mundo. Stephen era un policía cristiano excepcional que servía en la policía del condado de Gran Mánchester (Inglaterra). En enero de 2003, fue trágicamente asesinado en el cumplimiento de su deber cuando un sospechoso capturado lo apuñaló hasta matarlo. La muerte de Stephen dejó a sus padres en duelo y, a una esposa y niños pequeños, con el corazón roto.

El padre de Stephen, un policía de alto rango retirado y la esposa de Stephen rápidamente fueron a hablar con la prensa y con los reporteros de televisión, perdonaron al hombre que había cometido este acto tan terrible, y que había robado a la familia de un hijo, un esposo y un padre.

Este fue un incidente muy destacado en el Reino Unido. La nación estaba aturdida, no sólo por la tragedia misma, sino también por la genuina reacción cristiana de la familia. El fruto de esta notable respuesta ha sido la libertad de la familia de las cadenas de amargura y proporcionar oportunidades muy significativas para compartir el evangelio con otros, especialmente con los oficiales de policía.

La llave milagrosa de Dios, la oración más poderosa del mundo no sólo tiene un efecto en aquellos por los que has orado, sino que también abre la puerta para que Dios derrame bendición sobre tu propia vida de una manera nueva. *Ya no puedes seguir atado al pasado por alguien que te lastimó. ¡Eres libre!*

Ahora pídele a Jesús que te dé su amor para todos aquellos que te han herido y ora en silencio,

Padre, perdónalos

Deja que se convierta en la oración más poderosa del mundo para ti también.

PASO 7 – ESPERA TU MAÑANA DE RESURRECCIÓN

Cuando Jesús resucitó de los muertos y salió de la tumba, ya no llevaba la mortaja en que su cuerpo había sido envuelto. En la medida en que rompas las cadenas del pasado, la transformación será como una mañana de resurrección en tu vida.

Jesús prometió hacer nuevas todas las cosas (véase 2 Corintios 5:17 y Apocalipsis 21: 5). La mortaja de la amargura se habrá ido y la ley divina de la bendición de Dios comenzará a operar en tu vida.

Mientras que expresas tu perdón para todas esas personas cuyos nombres están en tu lista y luego oras, "Padre, perdónalos", tu vida comenzará a cambiar para siempre. *¡También viene una mañana de resurrección para ti!*

* * *

1. Fundación Corrie ten Boom, E. Smith, "History," *Corrie ten Boom Museum.* http://www.corrietenboom.com/history.htm (Consultado el 30 de diciembre, 2003).
2. Ibid.

11

¡Todo depende de ti!

Reflexiones finales

Tu vida es única. Todo lo que te ha pasado desde el momento de tu concepción es tu historia personal. Siempre será tu historia, tuya y sólo tuya, hasta el día que mueras y dejes este mundo atrás. Lo mismo es cierto para el resto de tu vida. Lo que te suceda a partir de ahora y el momento de tu muerte, te importa más a ti que a cualquier otra persona en el mundo.

Tu vida tiene sólo dos partes: la parte que ya viviste y la parte que te falta por vivir. ¡La primera parte es cada vez más larga y la segunda parte es cada vez más corta!

Todos nosotros queremos disfrutar y aprovechar al máximo el tiempo que nos queda de vida en este planeta. Lo que hagas ahora puede hacer la diferencia entre ser bendecido por el resto de tu vida o quedarte luchando por mantenerte a flote en un mar de decepción, resentimiento, amargura e incluso ira, odio y venganza.

Cuanto antes entiendas que hay una conexión directa entre cómo estas respondiendo actualmente a los momentos difíciles de la primera parte de tu vida (el pasado) y tu capacidad de disfrutar y sentirte satisfecho en esta segunda parte, más pronto podrás empezar a vivir tu vida al máximo. Cuando las cuerdas de la falta de perdón han sido definitivamente cortadas, no hay nada que pueda mantenerte atado al dolor de tu pasado.

No sirve de nada, no es bueno, permanecer atado a recuerdos de amargura, sin importar lo que otros te hayan hecho. Cuanto más tiempo te aferres a ellos, la segunda parte de tu vida será devorada, por la primera. ¡Cada día que pasas en falta de perdón, aumenta el costo y le das al pasado el derecho de acosarte y perseguirte en el presente!

La Biblia está llena de promesas de restauración y esperanza para el pueblo de Dios. Pero siempre hay condiciones ligadas a sus promesas, y una de esas condiciones es decidir perdonar. Entonces, ¿qué te detiene? ¡No tienes, absolutamente, nada que perder y todo que ganar!

La asombrosa oración que Jesús oró verdaderamente fue la oración más poderosa del mundo. Tú también lo puedes hacer. Empieza a orar y experimentarás la presencia de Dios, su amor y su poder de una manera nueva en tu vida.

La llave está en tus manos. Es una llave milagrosa. Pero sólo tú puedes usarla. Deja que este día sea el primero del resto de tu vida, que sea el comienzo de una nueva era de bendiciones para ti. ¡Ahora es el momento de actuar!

Personalmente oro para que pienses cuidadosamente sobre el contenido de este libro y cuando decidas usar la llave milagrosa, Dios te encuentre en tu necesidad y conozcas el poder transformador de su amor y su perdón para ti.

Parte 2

¡Yo usé la llave maestra!

12

Historias personales de sanidad por medio del perdón

Durante más de veinte años he estado enseñando sobre el perdón y ministrando a las personas que han venido a nuestros Centros en busca de ayuda. Desde el principio descubrí rápidamente que el perdón es, quizás, el elemento más importante en el peregrinaje de cualquier persona hacia la plenitud. Ciertamente, eso fue lo que Jesús debió haber pensado, para que haya hablado con tanta fuerza sobre las consecuencias de no perdonar a los demás en Mateo 6:15.

Esos años de ministerio son para mí como un largo corredor de tiempo, con cuadros enmarcados en las paredes que muestran a las personas a quienes Dios tocó profundamente en un retiro de sanidad, en un curso, en una conferencia o en una cita de ministración personalizada.

Puedo ver a muchas de ellas, ahora en mi mente, mientras escribo estas palabras, personas que nunca olvidaré por lo que Dios hizo en sus vidas. Algunas de sus historias ya están incluidas en la primera parte de *El perdón – la llave maestra de Dios*. En esta segunda parte del libro compartiré algunos de esos recuerdos.

Quiero permitir que algunas de esas caras salgan de la pared y compartan un poco de lo que Dios hizo en sus vidas, en el momento en que hicieron girar la llave maestra del perdón y descubrieron que el Maestro mismo estaba allí, listo para traer su maravillosa sanidad en lo más profundo de sus vidas.

Unas personas sufrieron un gran rechazo, incluso por parte de sus propios padres, otras sufrieron abusos sexuales. Otras resultaron heridas en accidentes que no fueron su culpa. Algunas fueron traicionadas o robadas. Y, lamentablemente, algunos de estos problemas fueron causados por personas en las que pensaban que podían confiar, incluso hermanos cristianos o miembros de su propia familia. El catálogo de posibles dolores en la vida de los seres humanos es más largo que la capacidad de la mayoría de las personas para imaginar lo que las personas pueden sufrir.

Parece como si toda su vida hubiera sido destruida por lo sucedido y que hay pocas esperanzas para el futuro. Y, sin embargo, para todas estas personas hay una llave que pueden usar, con la cual comienza el proceso de sanidad del pasado y la transformación tanto de su presente como de su futuro. Tienen que girar la llave maestra de Dios y perdonar a quienes los han lastimado.

LA HISTORIA DE FRIDA

En ocasiones las historias han sido tan horrendas que uno se pregunta si será posible que un ser humano perdone en esas circunstancias. Nunca olvidaré a una joven de Ruanda que se presentó al comienzo de una de nuestras escuelas de formación en Ellel Grange.

Irradiaba la belleza de Jesús, pero llevaba las cicatrices del genocidio de Ruanda en 1994, cuando un millón de Tutsis fueron asesinados por los Hutus en una guerra tribal en solo 100 días. Frida fue la única sobreviviente de su familia inmediata. Un día, sus quince parientes cercanos, incluidos abuelos, padres, hermanos y hermanas, fueron reunidos en un solo lugar y les preguntaron cómo querían morir. Si eran lo suficientemente adinerados como para comprar su propia bala, podrían recibir un disparo y terminar rápidamente. La familia de Frida era pobre. Su madre eligió el machete y la propia Frida eligió que la golpearan en la nuca con un objeto contundente. Pensó que sería rápido.

Uno por uno, todos los miembros de su familia fueron ejecutados, incluida Frida, y empujados a una tumba poco profunda. Pero Frida no estaba muerta. Fue enterrada viva. Catorce horas después, alguien escuchó un sonido procedente de la tumba y la desenterró. Algún tiempo después, cuando el genocidio terminó, se hizo cristiana y comenzó a leer la Biblia. Ahí leyó sobre el perdón y supo que tenía que hacer lo que Jesús dijo e ir a la cárcel a perdonar al hombre que había matado a su padre.

Ese acto la liberó de las consecuencias de la amargura y de cualquier deseo de venganza. Sin el perdón, ella hubiera seguido esclava de las personas que cometieron esos terribles actos por el resto de su vida. En Ellel Grange, perdonó nuevamente a todos los que estuvieron involucrados en el genocidio. Hasta ese momento había estado sufriendo de terribles pesadillas y constantes dolores de cabeza en el lugar donde había sido golpeada. Esa noche Dios la sanó por completo del dolor y de las recurrentes pesadillas. Toda su extraordinaria historia está en su libro *Frida – Chosen to Die, Destined to Live*, publicado por Sovereign World.

En la actualidad, está casada con un pastor en Kigali, la capital de Ruanda, donde están ministrando esperanza y sanidad a su propia gente. Frida no solo encontró su propia sanidad cuando hizo girar la llave maestra de Dios, sino que posteriormente muchos cientos, si no miles, de su gente podrán unirse a la experiencia de ser bendecidos a través del proceso del perdón.

Cuando la gente me dice que los eventos de su historia personal son demasiado difíciles de perdonar, les cuento la historia de Frida. Para Frida, su sanidad comenzó con una elección: la decisión de perdonar, sin importar lo difícil que haya sido. Luego de decidir, la gente descubre que Dios les da su gracia para llevar a cabo la decisión que han tomado.

LA HISTORIA DE JOHN

La historia de John era diferente, pero aun así tenía que comenzar en el mismo lugar: perdonando a quienes lo habían rechazado y sometido a un régimen de miedo y dolor. Esto es lo que él dijo:

Dios ha transformado mi vida. Vengo de un trasfondo de rechazo, miedo, dolor, violencia, odio, drogadicción, homosexualidad, prostitución, ocultismo y depresión. Cuando conocí al Espíritu Santo, mi vida cambió por completo y Dios ha usado a Ellel Ministries de tal manera que me ha permitido ver mi vida más profundamente y me ha traído verdadera sanidad y liberación.

He recuperado mi vida. Finalmente siento que estoy viviendo de nuevo. El amor de Dios me ha cambiado y soy libre. He encontrado el propósito por el que nací.

LA HISTORIA DE SIMON

Simon describió cómo utilizó la llave maestra del perdón y cómo entró en un ámbito de la vida que, anteriormente, le habría resultado imposible.

Caminar por la vía del perdón ha sido la clave para descubrir los tesoros del cielo en mi vida. Es una llave que abre las puertas del cielo para que se derramen las bendiciones de Dios. Él es tan fiel.

Perdonar a alguien no se trata de quitarle la responsabilidad a la gente que me lastimó; tampoco se trata de dar la impresión de que el acto de violencia fue de alguna manera correcto. Se trata de dejarlo todo en manos de Dios y dejar que él sea el juez de todo. A pesar de lo desafiante y doloroso que es este camino, sin lugar a dudas su misericordia y su ternura son mucho mayores.

Un paso de obediencia siempre es seguido por el toque sanador del Espíritu Santo, tan dulce y tierno, tan hermoso y justo. Se me permite ver mis propias debilidades y lo que mis pecados han causado a otros y sé que Jesús también cargó con mi culpa en la cruz. ¡Gloria a Dios por la cruz de Jesús!

Oro para que siempre haya personas que elijan viajar por esta senda. Es el camino del reino de Dios, donde gobierna el Príncipe de Paz. Ningún poder de las tinieblas puede prevalecer contra él. Realmente me llevó a paisajes abiertos donde puedo acostarme y descansar. Ten la seguridad de que él redime los años que la langosta comió. Sus pensamientos y planes para mí son siempre para bien y no para mal.

LA HISTORIA DE LINDA

Aquellos que han sido abusados sexualmente están dentro del grupo de personas que han enfrentado el dolor más profundo. Y cuando el abuso ha sido causado por tu propio padre es especialmente insoportable. Cuando un padre viola esa posición de confianza en la que Dios lo puso, al usar y abusar a su propia hija, causa un daño que puede tomar media vida para enfrentar y, lamentablemente, muchos de los que más han sufrido nunca encuentran la respuesta que solo Jesús puede proveer.

Linda era una de esas personas cuya vida estaba en peligro cuando acudió a Ellel en busca de ayuda. Llevaba muchos años de ayuda médica para su quebrantada vida. Pero los médicos no pudieron hacer nada más. Sin embargo, cuando escuches su historia podrás regocijarte por el poder milagroso de Dios, que se libera en la vida de una persona a través del perdón. Linda hizo girar la llave maestra y vio a Dios rescatarla del barro cenagoso y poner sus pies sobre la roca.

Mi padre abusó sexualmente de mí durante mi infancia y, aunque mi madre sabía lo que estaba pasando, no trató de protegerme. De hecho, ella estaba enojada y no me expresaba su amor. Me eché toda la culpa y crecí llena de condenación y odio hacia mí misma. Estaba deprimida, me quería suicidar y finalmente terminé en un hospital psiquiátrico.

Afortunadamente Dios, en su misericordia, tenía un plan de rescate para mi vida, que comenzó a desarrollarse cuando se me dio la oportunidad de recibir consejería y ministración cristianas. Aprendí que una gran llave para la sanidad era el perdón, y me di cuenta de que necesitaba perdonar a mis padres por su crueldad hacia mí. Al principio, no era algo difícil para mí. Jesús había dado las instrucciones en la Biblia, así que obedecí.

Pero no experimenté un gran alivio. Seguía teniendo tanto miedo de la gente, que no salía y me escondía cuando alguien entraba a la casa. Todavía me odiaba intensamente y luchaba con pensamientos suicidas y el deseo de autolesionarme.

Poco a poco comencé a entender que mi perdón estaba incompleto si no implicaba más que una decisión mental separada del dolor. Me di cuenta de que tenía que sentir mis respuestas emocionales a la crueldad de mi infancia: el dolor, la ira y el profundo sentimiento de injusticia que había enterrado en lo más profundo de mi ser. Y en medio de sentir la intensidad de estas emociones, tuve que enfrentar nuevamente el tema del perdón.

Mi odio hacia mí misma era una defensa. Al creer que era mala, tapaba el hecho de que eran las acciones de mis padres hacia mí, las malas, y que como yo era una niña no merecía que me abusaran.

Me arrepentí por odiarme a mí misma y, gradualmente, el Señor me ayudó a conectarme con mis emociones ocultas y a aceptar la verdad de cómo me sentía realmente. No solo hubo dolor e ira, sino gritos desesperados de *"¡No es justo!"* y *"¡Quería que fuera diferente!"*. Había amargura, resentimiento, deseo de venganza y celos de lo que otros tenían y yo no. Todo el proceso fue como quitarle un vendaje sucio a una herida profunda y supurante.

Yo no hubiera podido enfrentarlo sola, fue la obra del Espíritu Santo. Mientras que me iba enseñando, él me pidió no solo que enfrentara "la verdad en lo más íntimo", sino que le permitiera entrar en la herida. Mi parte fue llevar mi dolor al pie de la cruz y, en medio de sentir mi amargura y mi falta de perdón, elegir perdonar.

Esto fue difícil y tomó tiempo. Por un lado, luché con el dolor de la injusticia de haber sido abusada y no amada, y mi obstinada resistencia a perdonar. Y, por otro lado, batallé con la convicción que Jesús ponía en mi corazón, de que necesitaba perdonar, sabiendo que él, completamente sin pecado, había orado: "Padre, perdónalos" cuando fue clavado en la cruz.

Ser brutalmente honesta con Dios en la batalla con mi amargura y mi falta de perdón, fue importante. Tenía que admitir que ésta era yo, así era como me sentía y no podía cambiarlo. Solo entonces pude recibir su capacitación para hacer lo que era imposible para mí.

Quería obedecerle y nuevamente tomé la decisión de perdonar en mi cabeza, pero fue Jesús quien me enseñó a perdonar en mi corazón. Gradualmente aprendí a llevarle el dolor y la emoción negativa cada vez que la sentía, y poco a poco me permitió perdonar y recibir su consuelo donde lo necesitaba. ¡Qué Dios tan bondadoso es él!

Puedo decir con toda sinceridad que hoy mi vida es completamente diferente.

Tengo una seguridad interior y una fuerza que proviene de haberle permitido a Dios, entrar en mis lugares más profundos de dolor, para que él hiciera lo que quisiera en esos lugares. Ya no sufro con los miedos que antes eran tan debilitantes: estoy libre de todos los medicamentos psiquiátricos, me retiraron del beneficio de recibir sueldo por incapacidad de por vida, tengo un empleo remunerado y soy libre para vivir plenamente la vida con mi familia y amigos, de una manera que nunca pensé que pudiera ser posible. Estoy muy agradecida y a él le doy toda la alabanza, toda la gloria y todo el honor.

LA HISTORIA DE JOHANN

La historia de Johann es un caso típico que refleja la vida de muchas personas que se involucran en malos y peligrosos hábitos sin entender ni cómo ni por qué. No comprenden que las cosas que les sucedieron en el pasado pueden ser la raíz causante de sus problemas de hoy. Johann nos contó su historia:

He sido una especie de cristiano durante unos diez años, pero un cristiano nacido de nuevo durante sólo un año. Alabo a Jesús por todo lo que ha hecho y por llevarme a una relación más profunda con él de lo que jamás hubiera soñado.

A los veintiséis años me hice amigo de las personas equivocadas y comencé a consumir drogas (cocaína). Consumí cocaína durante más de dos años. En ese tiempo, me ofrecieron un nuevo trabajo en el Standard Bank. Trabajé en el quinto piso, al lado de una mujer llamada Esther, a quien no había conocido antes.

Después de haber estado trabajando en el banco durante una semana, ella me hizo una simple pregunta: "¿Eres cristiano?" Respondí "sí", así que me dio una serie de enseñanzas de Peter Horrobin titulada "Ministering Hope" (Ministrando esperanza). En ese momento, me transportaba en mi motocicleta todos los días desde Pretoria a Johannesburgo. No había escuchado los CDs porque pensé que serían demasiado aburridos. Pero a los pocos días tuve un accidente en la moto que me obligó a usar el carro. Por alguna razón, los CDs se habían quedado en mi carro. Un día comencé a escucharlos. Fue como si Dios estuviera hablando a mi espíritu. ¡Volví a nacer en mi carro yendo al trabajo! Me di cuenta de que era hora de regresar a los brazos de Dios. Pude dejar las drogas sin siquiera tener que ir a rehabilitación, solo escuchando las enseñanzas de Peter.

Dios me mostró cómo sanar por dentro, al perdonar a mi abuelastro, que había abusado sexualmente de mí cuando tenía cinco años. Me di cuenta de que este era el motivo de mi infelicidad. Dios me enseñó lo importante que es sanar la raíz del problema por el cual comenzó la infelicidad. Mi vida cambió mucho.

Pero unos meses después tuve otro grave accidente de motocicleta. Estuve en coma durante dos días. El accidente me dejó con dos rodillas fracturadas, cinco costillas y un hombro rotos. La gente me decía que era la persona más afortunada del mundo. Me enteré de que había un médico manejando cuatro carros detrás de mí. Vio cómo sucedió el accidente e impidió que mis costillas perforaran mis pulmones.

Los médicos me dijeron que tenían malas noticias para mí y que existía la posibilidad de que perdiera mi pierna derecha. Mantuve mi fe en Dios. Hoy, estoy completamente recuperado del accidente y no perdí la pierna. ¡Dios es poderoso!

No entendía por qué Dios había permitido este accidente porque lo amaba demasiado y estaba haciendo todo lo posible por mantenerme en línea con él. La respuesta era muy sencilla: Dios nunca va a permitir que te sucedan cosas malas, pero Satanás sí; él hace que cosas malas sucedan cuando estás fuera del gobierno de Dios. (Me di cuenta de que había sobrepasado el límite de velocidad). Sin embargo, Dios siempre va a tomar lo malo que te ha sucedido y lo va a convertir en algo bueno. Solo quiero alabarlo y agradecerle por ayudarme a superar este accidente.

Por último, pero no por eso menos importante, me baunticé el 3 de febrero de 2008. Nuevamente, le agradezco a Jesús por este regalo especial en mi vida. *Dios usó las enseñanzas de Peter para darme una segunda oportunidad para experimentar su amor y fidelidad que nunca fallan.*

Cuando Johann se metió en las drogas, estaba al final de una espiral descendente que comenzó con el abuso sexual que sufrió en su niñez. Los niños no saben cómo enfrentar las consecuencias de lo que les pasa y, por lo general, entierran el dolor. Pero un dolor como este se "entierra vivo" y, a menos que Jesús lo sane, tendrá sus efectos. Consumir drogas es solo uno, de los muchos mecanismos que la gente puede usar para afrontar el dolor. Pero es un camino de autodestrucción.

Gracias a Dios, Johann, después de nacer de nuevo, llegó rápidamente a la raíz del problema, perdonó a su abuelo y le pidió a Jesús que lo liberara de esta relación pecaminosa. Johann giró la llave maestra y ahora vive para servir a su Señor.

PERDÓN Y SANIDAD EN KENIA

Recientemente, un equipo de Ellel Ministries estaba dando una conferencia de capacitación en Kenia. El perdón es siempre una parte vital de la enseñanza básica que ofrecemos en todos nuestros viajes misioneros. El líder de la misión nos dio el siguiente informe del evento:

La esposa de un pastor dio un poderoso testimonio de la libertad que experimentó después de perdonar a la familia de su yerno, porque la persiguieron a ella y a su esposo, después de que su hija muriera al nacer su nieto. La enseñanza del perdón fue muy importante para ellos.

Había muchas personas que también necesitaban perdonar una gran cantidad de cosas difíciles que habían pasado en sus vidas. Muchos lloraban mientras perdonaban. Una vez más me di cuenta de la importancia de la enseñanza del perdón en África, ya que aquí hay mucha gente que ha experimentado rechazo.

Dios hizo una asombrosa restauración en la vida del pastor. Dio tes-

timonio de cómo, por primera vez, había perdonado a las personas que mataron a su hijo y de la libertad que sentía. Después de terminar la conferencia, el pastor trajo a su hijo de cinco años para que oráramos por él. Las piernas del niño eran aproximadamente 4 cm desiguales. ¡Dios hizo un milagro y sanó las piernas de este pequeño para que quedaran completamente iguales! ¡Servimos a un Dios de milagros! ¡Realmente nos regocijamos por la bondad de Dios!

Y TAMBIÉN EN MALASIA

Dios puso en mi corazón la necesidad de orar por la sanidad interior de mi mamá. Ella había pasado por mucho rechazo. Fue entregada tan pronto nació e incluso hoy, no sabe quiénes fueron sus verdaderos padres. Sufrió abuso verbal y le dijeron que había traído mala suerte a la familia. A la edad de dieciséis años, la obligaron a casarse con mi padre y la obligaron a trabajar y cuidar a toda la familia de mi padre: cocinando y limpiando.

Estoy muy agradecida con Dios por enseñarme sobre sanidad interior. Como él me sanó, yo pude ayudar a mi mamá. Dios la sanó y la liberó de todos los dolores y las heridas que había estado cargando durante muchos, muchos años. En julio cumplirá 80 años.

Pude guiar a mi mamá al arrepentimiento y a nacer de nuevo. Jesús la ayudó a recordar a las personas que necesitaba perdonar. Ella comenzó a llorar y el Espíritu Santo simplemente se hizo cargo y la liberó y la sanó. ¡Dios es muy bueno!

LA HISTORIA DE ELAINE

La historia de Elaine es un relato maravilloso de cómo Dios puede sanar incluso el dolor más profundo, y no solo sanar sino también restaurar nuestra experiencia de vida para que cada área sea totalmente transformada por la presencia de Dios. Una llave maestra es una llave que abre todas las cerraduras; ¡La llave maestra de Dios es poderosa!

He sido cristiana durante más de veinte años y he disfrutado de un maravilloso caminar con mi Salvador durante muchos años. Sin embargo, debido a una serie de eventos en los últimos seis años, estaba sufriendo mucho y luchando por aceptar mis circunstancias. A causa de este dolor, rechazo, depresión y confusión busqué amor y aceptación en todos los lugares equivocados, y mi estilo de vida pecaminosa me hizo pensar que había perdido mi salvación.

Mi vida se convirtió en una lucha constante por tratar de hacer lo correcto, y al mismo tiempo luchar contra la depresión, la soledad, el autorechazo... la lista es interminable. Como cristiana, sabía que debía entregárselo todo a Dios, y aunque sé que él es un Dios justo y equitativo, y que todo nos ayuda para bien, sentía mucha vergüenza, culpa e injusticia.

El suicidio era una compañía constante y parecía ofrecer una salida del dolor. Afortunadamente, por la misericordia de Dios, los intentos que hice no tuvieron éxito. Mirando hacia atrás, ahora me doy cuenta de que él realmente tiene buenos planes para mi vida.

Vine para un Retiro de Sanidad esperando y sabiendo que Dios haría algo, pero nunca en mis sueños más locos me imaginé que él haría tanto.

En un Retiro de Sanidad, los líderes dan una enseñanza muy práctica sobre cómo vivir verdaderamente la vida cristiana. Explican cómo es necesario que Jesús sea el Señor de cada área de nuestro ser y, por supuesto, dedican mucho tiempo para ayudar a que las personas puedan perdonar a aquellos que las han lastimado.

A través de la excelente enseñanza y la amable y maravillosa consejería, el Espíritu Santo me reveló las raíces de mis problemas y me ayudó a comprender cómo estos problemas hicieron que el enemigo entrara en mi vida.

Al comienzo del retiro expliqué que mi vida parecía una sopa espesa y desagradable, por completo en mal estado. A través de la oración del Señorío me ayudaron a separar los diferentes ingredientes de esta sopa.

Cada ingrediente era un área de mi vida. *El Espíritu Santo ministró las áreas que necesitaban su toque. Mientras se ocupaba de cada una de esas áreas, fue como si pudiera sentir amor como nunca antes lo había sentido.*

Por primera vez, conocí al Padre Celestial como mi papá, y me amó de una forma que nunca antes había conocido. He conocido su amor por muchos años y he experimentado su gracia y misericordia más veces de las que jamás sabré, pero este fin de semana, Dios, mi Papá, tocó mi corazón. Me di cuenta de que no tengo que esforzarme por trabajar y tener un buen desempeño o superar obstáculos para ganarme su amor y aprobación.

Era libre para verlo en la manera en que él quería que lo viera. Caminé por los jardines y la hierba parecía más verde, los árboles eran tan emocionantes y el coro de los pájaros al amanecer era abrumador. Caminé por el sendero riendo y llorando. Tenía una gran sonrisa de oreja a oreja. Caminaba con mi Papá Dios y era libre de disfrutar de su amor. No necesité decir nada. Era como si nos estuviéramos comunicando a través de su creación y yo sabía que él sabía que yo estaba muy feliz.

Más tarde, durante la alabanza, mientras cantábamos el coro "He cambiado tu nombre", me sentí abrumada por su amor y las lágrimas rodaron y rodaron. Fue hermoso llorar con un corazón que volvía a latir por el amor de Dios. A menudo decía en voz alta las Escrituras sobre el amor de Dios por mí, pero ese fin de semana el conocimiento de su amor cayó 45 centímetros de mi cabeza y ¡realmente cobró vida en mi corazón!

Qué testimonio tan extraordinario del amor transformador de Dios. Pero si Elaine no hubiera decidido girar la llave maestra, no hubiera podido apropiarse y experimentar el gozo.

Con mucha frecuencia oramos por personas que sufren las consecuencias de accidentes. A veces, el dolor y el trauma se almacenan en el interior durante muchos años. A menudo, el resentimiento y la amargura se acumulan en el interior en contra de quienes causaron los accidentes, lo que limita gravemente el proceso de sanidad. Jim recibió sanidad del asma después de perdonar a su padre porque intencionalmente permitió que su cuerpo fuera aplastado contra el piso de concreto a la edad de seis años.

La batalla de dieciséis años de Doreen con el dolor de cuello después de un accidente automovilístico terminó cuando su cuello fue sanado por completo. La madre de Bill no lo protegió en la cocina, cuando se echó una cacerola con agua hirviendo sobre su pecho. Cuarenta años después, Dios lo sanó de los temores y del trauma que se había apoderado de su vida desde ese momento. La lista de personas y circunstancias es interminable.

La historia de Jennifer es un poco diferente: no necesitaba perdonar a otras personas. ¡Tenía que usar la llave maestra para perdonarse a sí misma!

LA HISTORIA DE JENNIFER

Tuve un trágico accidente automovilístico hace treinta y ocho años en el que mi madre y mi hermana de cinco años murieron. Desde entonces he sufrido de fuertes dolores de espalda. Para tratar de controlar el dolor tenía que tomar ocho analgésicos fuertes todos los días.

Mientras el equipo oraba conmigo, descubrí que me sentía culpable por el accidente. En ese momento yo estaba cuidando a mis hermanos y hermanas mientras que mi mamá estaba de fiesta. Cuando me preguntaron de qué parte del accidente me sentía responsable, pensé: "¿Cómo podría ser responsable de algo? ¡Solo tenía trece años!" Me animaron a perdonarme a mí misma y, para mi sorpresa y horror, me encontré diciendo que no podía perdonarme, porque en mi corazón creía que yo era la responsable del accidente porque había insistido en que nos fuéramos para la casa. No tuve ningún problema en perdonar a los demás, pero me tomó quince minutos llegar al punto en el cual pudiera realmente perdonarme a mí misma.

Luego de que me perdoné, oraron por mí e inmediatamente sentí una liberación en mi cuerpo. A los trece años, estaba tan traumatizada por el evento que algo de mí quedó encerrado en mi interior. Me dijeron que esto suele pasar en traumas graves. Oraron para que el Señor sanara esa parte rota de mí y para que me sanara y restaurara completamente por dentro. Como resultado han sucedido tres cosas. En primer lugar, duermo como un bebé y desde entonces no tengo dolor. En veinticuatro años de vida cristiana habían orado por mí muchas veces, pero siempre al día siguiente, me despertaba muy adolorida y decepcionada.

En segundo lugar, y esto es difícil de expresar con palabras, mi personalidad parece haber cambiado para bien, tengo más confianza, especialmente en el trabajo. Solía sentirme bastante inmadura y eso me molestaba. Ahora me siento realmente bien conmigo misma.

En tercer lugar, me emociona decir que no he tenido que tomar la medicación. Ni siquiera tuve que dejarla gradualmente y me está yendo muy bien. Estoy asombrada de cómo obra Dios y de cómo hay situaciones que nos mantienen en cautiverio y no podemos salir de ellas por nosotros mismos. ¡Dios es verdaderamente asombroso!

La historia de Jennifer no es rara. El perdón es una llave maestra para sanar en lo más profundo de nuestra mente. Lo que es raro en la historia de Jennifer es que la persona a la que más necesitaba perdonar era a ella misma.

Otra señora había luchado consigo misma durante siete años. Parte de su proceso incluyó perdonarse a sí misma por las relaciones sexuales pecaminosas que había tenido hace muchos años. Ella informó que, casi un mes después, todavía estaba llena del gozo del Señor. Su problema de espalda estaba curado, sus relaciones con los demás estaban cambiando y muchos temores habían desaparecido.

Ella estaba en una caminata de sanidad y cada día o dos notaba que algo era diferente. Ella lo resumió de esta manera: *"¡Después de veintiocho años de lucha cristiana, el bloqueo entre el Señor y yo ha sido quitado! Ahora estoy inscrita en un curso de capacitación de nuestra iglesia para aprender cómo ayudar a otros a que también ellos puedan experimentar esta libertad".*

LA HISTORIA DE JAN

Jan era otra dama para quien perdonarse a sí misma era lo más importante que tenía que hacer. ¡Dar vuelta a la llave maestra del perdón para sí misma resultó ser lo mejor que hizo en su vida!

Le di mi vida a Cristo hace doce años. Corrí directamente a servir en la iglesia porque Cristo me redimió y me perdonó. Sabía que me había perdonado. Sabía que él me había lavado, pero nunca me perdoné. No lo podía hacer y no sabía cómo. Me choqué con esta pared y las cosas se pusieron muy difíciles.

Salí de casa cuando tenía diecisiete años. Tomé muchas malas decisiones. Estaba toda cubierta por la inmundicia de la vergüenza en mi vida. Podía decirle a la gente que quería de todo corazón que experimentaran la gracia de Dios. Pero yo era como una farsante porque no me había apropiado del perdón para mí. Lo creía, pero no me daba el permiso de recibirlo para mí misma.

Este fin de semana me arrancaron las etiquetas que he usado durante cuarenta y tres años. Ya no me avergüenzo. Estoy muy agradecida por eso. ¿Sabes lo que es sentirse rechazado? ¡En mi árbol de rechazo no quedaba espacio ya que lo había llenado todo! Quiero animarlos a todos para que confíen en Cristo; él puede darles lo necesario para que se perdonen a sí mismos, para que puedan vivir en libertad para él.

LA HISTORIA DE MICHAEL

A veces las personas vienen a orar por algo que conocen, pero Dios sabe cómo son en realidad y en poco tiempo tienen que enfrentar los verdaderos problemas. Esta fue la experiencia de Michael.

Llegué al Retiro de Sanidad esperando solucionar las consecuencias de dos accidentes traumáticos. ¡Pero Dios tenía otros planes y me encontré teniendo que trabajar con el perdón de una manera muy poderosa! También tuve que perdonarme por muchas cosas y esto fue realmente liberador.

El Espíritu Santo me tocó profundamente y me llenó de nuevo. Ya no estoy en un desierto espiritual. Durante los últimos años había estado tan seco que había perdido el gozo del Señor. Por primera vez en mi vida (ahora tengo cincuenta y cuatro) me siento como si verdaderamente fuera "yo". Nunca había entendido por qué solía decir: "Ojalá pudiera ser yo", ¡pero ahora lo sé! Me deshice de toda la basura que había en mi vida y recuperé mi verdadero yo, como Dios me creó para ser. Ahora sé quién soy. ¡Alabado sea el Señor!

LA HISTORIA DE CONNIE

A veces encontramos personas que han sido dañadas por circunstancias que están fuera de nuestro alcance como seres humanos. No hay nada obvio que deba ser perdonado. En estas circunstancias, muchas veces las personas experimentan un profundo sentimiento de que, de una u otra forma, debe ser culpa de Dios.

Por lo tanto, siempre es importante incluir una oración en la cual se le pida perdón a Dios por culparlo por cosas que han sido consecuencia de vivir en un mundo caído, donde Satanás está, en última instancia, detrás de todo lo malo. La historia de Connie entra en esta categoría de profundo dolor interior. Ella experimentó un verdadero milagro de la gracia de Dios cuando se abordaron los primeros problemas de su vida.

Fui a un Servicio de Sanidad sin saber lo que Dios necesitaba hacer, pero con un corazón dispuesto a lo que él quisiera hacer. Pasé adelante para recibir oración y, como resultado de esta ministración, ambas cataratas en mis ojos se encogieron. Pude ver formas con mi ojo derecho, ¡habiendo estado ciega de ese ojo durante diez años! También pude escuchar el tic-tac del reloj con mi oído derecho; no había podido oír por ese oído durante diez años. También recibí oración por la severa curvatura de mi columna y este resultó ser el comienzo de la sanidad de mi condición de espalda.

Mis problemas comenzaron en el vientre de mi madre. Nací con huesos frágiles y al nacer mis dos caderas se dislocaron. Mi madre no pudo expresarme su amor. Tenía miedo de que con solo abrazarme me lastimara los huesos.

Durante la ministración me encontré llorando como un bebé, y cuando el Espíritu Santo se movió sobre mí, las "cadenas" se rompieron y algo abandonó mi cuerpo y fui liberada de la esclavitud. Vi a Jesús, como a través de la niebla, vestido con una túnica blanca. Vino, me abrazó y dijo: "Se acabó, no más lágrimas, estás a salvo. Eres Mi hija, Mi princesa, y tengo un lugar especial para ti ".

Mi vida ha cambiado por completo. Camino a diario con el Espíritu Santo y siento como me fortalece. Él me llena con su gozo y amor y sigue sanando mi cuerpo: mis caderas, cabeza, ojos y oídos, todo en mí. Mi confianza ha vuelto, ya no necesito usar mi bastón blanco y puedo salir por mi cuenta. Dios ha obrado milagros y otras personas han visto la diferencia en mí. Siento que mi vida ha cambiado para siempre.

Al orar por personas como Connie, siempre oramos para perdonar a todos y cada uno de los miembros de la línea generacional que hayan hecho algo que haya traído como resultado la condición que ella heredó. A veces, esta sola oración comienza una nueva y dramática etapa de sanidad y restauración.

LA HISTORIA DE OLGA

Olga creció en la Rusia comunista. Su crianza y sus ancestros la dejaron muy dañada emocional, espiritual e incluso abusada físicamente. Las consecuencias generacionales de todo lo que vivió, desde el ocultismo y la brujería hasta la dureza del comunismo ruso, dejaron su huella en la vida de Olga, provocándole una desviación en la columna y un dolor constante en la espalda que requería tratamiento constante, lo que estaba afectando seriamente su vida. Nunca había vinculado sus problemas físicos con las raíces espirituales, pero cuando escuchó el mensaje sobre cómo perdonar, inmediatamente supo lo que tenía que hacer. Dios le dio la gracia y aquí está su historia de lo que sucedió.

Me crie en la Rusia comunista. Siempre sentí que estaba bajo una maldición generacional debido al sincero apoyo de mi padre al comunismo y a la participación de mi abuela en prácticas ocultistas, incluso en la brujería, en la Rusia pre-comunista. No sabía que mi escoliosis de la columna y el constante dolor de espalda estaban relacionados de alguna manera con estas cosas. Pero, una vez que aprendí sobre su posible impacto, reconocí inmediatamente su relación con mi dolor. En la conferencia oré intensamente por libertad del pecado generacional y por libertad del espíritu de control de mi madre. Perdoné desde las partes más profundas de mi ser y mientras lo hacía, sentí un efecto dominó bajando y luego subiendo por mi columna, ¡cada vértebra respondía al movimiento del Espíritu Santo!

Mi espalda fue sanada. Desde entonces el dolor de la escoliosis de mi niñez ha desaparecido, cada vértebra se siente libre de la tensión del pasado que interfería con cada uno de mis movimientos. ¡Desde entonces, no más visitas al quiropráctico! No más miedo al pasado, ni sombras esperando para atraparme en mis momentos de duda, ¡son impotentes! ¡Se han ido! ¡Aleluya!

LA HISTORIA DE BOB

El rechazo se presenta de muchas formas. Para Bob era tan profundo que llegaba al centro mismo de su ser. Su propio papá no quería saber que este pequeño era su hijo. Era una vergüenza y su papá hizo todo lo posible para repudiar al niño que había nacido de la mujer con la que tenía una relación. Pero nunca puedes desconectarte espiritualmente de aquellos que son tus hijos. No importa cómo o dónde fueron concebidos, siempre son tus hijos. Años más tarde, Bob tenía la necesidad de saber cuál era la verdad. Cuando, finalmente, su padre fue identificado, comenzó una nueva etapa de su vida tratando de que funcionara. Pero la llave maestra aún no se había girado en la cerradura de la vida de Bob. Cuando sucedió, ¡ocurrió un milagro!

El tema más difícil de mi vida fue el rechazo que sentí desde mi más tierna infancia, como hijo único de una madre soltera. Mi padre, más por una estrategia legal que por una verdadera convicción, había negado que yo era su hijo cuando era muy joven. Incluso ahora, recuerdo el frío día de diciembre cuando me hice el análisis de sangre que estableció la paternidad. Pasé una buena parte de mi vida tratando de reconciliarme con mi padre después de eso, tratando de ser el "buen hijo" y convertirlo a él (le gustara o no) en el "buen padre".

Mientras estaba en un Retiro de Sanidad en Ellel, y sin que él lo supiera, le pedí a Dios que rompiera los lazos del alma pecaminosos con mi padre, mientras que lo perdonaba. El resultado fue un cambio inmediato y dramáticamente positivo en su vida, un cambio que se manifestó en el mismo momento en que se rompieron esos lazos, ¡a pesar de que él estaba a 900 millas de distancia! De repente, él fue liberado para ser el "padre bueno" que quería ser, y yo fui liberado para amarlo en una manera correcta, al tiempo que construía mi relación con mi verdadero Padre Celestial, sobre una sólida base espiritual. Ahora, cuando nos visita, mis hijos disfrutan de su abuelo de una forma que yo nunca pude disfrutar de él como hijo. Lo amo con un amor incondicional que solo Cristo pudo enseñarme a dar. De las enseñanzas de Ellel aprendí que no hay sanidad sin perdón, y que no hay perdón sin un amor genuino, como el de Cristo. Como con la salvación, el perdón es de hecho una elección simple. ¡Apréndelo tú mismo y asómbrate, como yo, de lo que Dios puede hacer!

EN CONCLUSIÓN

Todas estas historias son historias reales sobre personas reales. Personas reales como tú y como yo, que estaban luchando con las dificultades de la vida sin darse cuenta de que la llave más importante para sus problemas estaba en el área del perdón.

Oro para que estos testimonios te animen a pedirle a Dios que te ayude a usar esta llave maestra y ver su milagroso poder obrando también en tu vida.

Para obtener más información sobre el trabajo de Ellel Ministries, consulta el sitio web en ellel.org.

Acerca del autor

Peter Horrobin es el Fundador y Director Internacional de Ellel Ministries International, que comenzó en 1986 como un ministerio de sanidad en el noroccidente de Inglaterra. El trabajo ahora está establecido en más de treinta y cinco países, brindando oportunidades de enseñanza, capacitación y ministración personalizada.

Después de graduarse de la Universidad de Oxford con una licenciatura en Química, pasó varios años dando conferencias en colegios y universidades, antes de dejar el entorno académico para irse al mundo de los negocios, donde fundó una serie de exitosas empresas editoriales y de venta de libros.

En sus veinte comenzó a restaurar un automóvil deportivo de época (un Alvis Speed 20) pero descubrió que su chasis estaba doblado. Mientras miraba el vehículo averiado, preguntándose si alguna vez podría repararlo, sintió que Dios le hacía una pregunta: "Tú podrías restaurar este carro averiado, pero yo puedo restaurar vidas destrozadas. ¿Cuál es más importante?" Era obvio que las vidas destrozadas eran más importantes que los carros dañados, por lo que en su corazón nació el comienzo de una visión para restaurar a las personas.

Un sello distintivo del ministerio de Peter ha sido su disposición de dar pasos de fe para ver a Dios moverse y cumplir sus promesas, a menudo en formas extraordinarias. Su último libro, Strands of Destiny, está lleno de historias de lo que Dios ha hecho en los últimos treinta años.

Peter ha escrito muchos libros, incluido The Complete Catalog of British Cars. Durante los últimos treinta y cinco años ha sido el editor de Mission Praise, uno de los cancioneros de himnos más vendidos en el Reino Unido y originalmente compilado para la visita de Billy Graham en 1984.

En esta temporada de sus vidas, Peter y su esposa Fiona se están concentrando en escribir para que todo su conocimiento y experiencia puedan estar disponibles permanentemente en forma de libro a través de Sovereign World Ltd y otras editoriales de todo el mundo. Su libro Healing Through Deliverance es ahora un clásico cristiano.

Para obtener más información sobre las actividades mundiales actuales de Ellel Ministries International por favor visita:

ellel.org

Acerca de Ellel Ministries International

Nuestra visión
Ellel Ministries es una organización misionera cristiana sin denominación, con la visión de proporcionar recursos y equipar a la iglesia al dar la bienvenida a las personas, enseñarles sobre el reino de Dios y sanar a los necesitados (Lucas 9:11).

Nuestra misión
Nuestra misión es cumplir la anterior visión en todo el mundo, mientras Dios abre puertas, de acuerdo con la gran comisión de Jesús y el llamado de la iglesia a anunciar el reino de Dios predicando la Buena Nueva, sanando a los quebrantados de corazón y liberando a los cautivos. Por lo tanto, estamos comprometidos con la evangelización, la sanidad, la liberación, el discipulado y la capacitación. Las escrituras bíblicas en las que se basa nuestra misión son Isaías 61: 1–7; Mateo 28:18-20; Lucas 9:1-2; 9:11; Efesios 4:12; 2 Timoteo 2: 2.

Nuestra base de fe
Dios es una trinidad. Dios el Padre ama a todas las personas. Dios el Hijo, Jesucristo, es Salvador y Sanador, Señor y Rey. Dios el Espíritu Santo habita en los cristianos e imparte el poder dinámico por el cual están capacitados para continuar el ministerio de Cristo. La Biblia es la autoridad divinamente inspirada en asuntos de fe, doctrina y conducta, y es la base para la enseñanza.

Para obtener más información sobre el trabajo mundial de Ellel Ministries International, visita nuestro sitio web en:

ellel.org

O escríbenos a:
Ellel Ministries Internacional
Ellel Grange
Ellel Ministries
Bay Horse
Lancaster, LA2 0HN
Reino Unido

Sobre Ellel Ministries USA

Quiénes somos y qué hacemos...

Ellel Ministries es un ministerio cristiano sin denominación que comenzó en Inglaterra en 1986 y ahora está establecido en más de 35 países alrededor del mundo. Buscamos servir al cuerpo de Cristo especialmente de dos maneras: primero, ofreciendo oración personalizada a aquellos que necesitan sanidad y restauración; y segundo, capacitando y equipando a las personas para que puedan ayudar a otros de la misma manera. Buscamos llevar el corazón de Dios al corazón del hombre para que la verdadera transformación sea una realidad, las personas sean discipuladas y su relación con Jesús se profundice.

Ellel Ministries se estableció en los Estados Unidos en el 2005, en una antigua granja de fresas de 140 acres. La visión de Ellel USA incluye la construcción de un centro residencial de formación y ministración que servirá como sede para el trabajo en el país y como centro para alcanzar América Latina y el Caribe. Actualmente, Ellel USA ofrece eventos de capacitación y ministración en su centro en Florida y a través de visitas a iglesias y conferencias en otras regiones. Si tienes preguntas sobre Ellel USA, envíanos un correo electrónico a info.usa@ellel.org o llámanos al +1(813)737-4848.

¿Cuál es nuestra definición de sanidad?

Nuestra definición de sanidad es simple. Creemos que la sanidad es la obra sobrenatural de Dios, de poner orden en la vida de una persona donde antes había desorden. Incluye mirar la raíz de los problemas que pueden ser la causa de las dificultades de una persona y tratar con cualquier falta de perdón, pecado, herida o derecho del enemigo. A medida que ayudamos a las personas a hacer su trabajo con Dios al perdonar, arrepentirse y tomar decisiones según la voluntad de Dios, oramos para que el Señor les dé su sanidad. En resumen, es el tipo de discipulado que Jesús hacía en los Evangelios.

Próximas publicaciones en Español

Lazos del alma
El lazo invisible en las relaciones interpersonales de David Cross

Las malas relaciones nos dañan. Nos dejan atados en un lugar de esclavitud del que Dios quiere liberarnos. Una forma de describir este dominio invisible que nos ata a las malas relaciones es un lazo del alma pecaminoso. Este lazo se da en el ámbito espiritual y ejerce control sobre el alma.

El libro explica cómo se crean los lazos del alma tanto buenos como malos. Explica cómo, con frecuencia, los lazos del alma nos afectan profundamente en nuestra vida diaria. Descubrirás cómo soltarte de los lazos del alma pecaminosos y, lo más importante, experimentarás la libertad y la sanidad de Dios.

Este libro hace parte de la serie "Verdad y Libertad" de Sovereign World basada en el reconocido programa de enseñanza de Ellel Ministries International.

Cuando el milagro llega lentamente de Beatriz Benestad

Este libro es el asombroso testimonio de cómo Dios puede usar a cualquier persona en una situación imposible. ¡Es la extraordinaria historia de una mujer extraordinaria!

Beatriz Benestad enfrentó artritis reumatoide paralizante cuando era niña y tuvo que someterse a decenas de operaciones, pero no dejó que su discapacidad destruyera su visión. En su vida practicó la medicina y sirve al Señor.

Después de haber obtenido el título de médica y psiquiatra, sufrió un terrible accidente en el trabajo que la dejó en silla de ruedas. Sin embargo, incluso eso no empañó su visión de servir al Señor como misionera. Su viaje de fe y asombrosa confianza en Dios la llevó a convertirse en misionera en Colombia, Suramérica, donde lideró el trabajo de Ellel Ministries.

La respuesta de Beatriz al llamado del Señor y el sello inconfundible de Dios en cada etapa de su vida, lo desafiarán y alentarán. Ella comparte cómo avanza en su camino de servicio misionero, a pesar de que está lleno de dificultades prácticas.

Para algunos, el milagro no llega de la noche a la mañana. Para Beatriz, el verdadero milagro es la vida misma y la peregrinación en que se encuentra. Ella dice: "Es fácil olvidar que, si la oscuridad no existiera, no podría regocijarme por la luz".

HTTPS://US.STORE.ELLEL.ORG/

www.ingramcontent.com/pod-product-compliance
Lightning Source LLC
Chambersburg PA
CBHW072012290426
44109CB00018B/2215